一度始めたら どんどん 貯まる

夫婦貯金 年150万円の法則

1級ファイナンシャル・プランニング技能士

磯山裕樹

青春出版社

はじめに　家計を整えると人生が変わる

家族で幸せに暮らせていますか？

あなたは、なんのためにお金を貯めていますか？

「子どもの教育費のため」「老後の生活費のため」。たいていの人はこう答えます。

では、こちらの質問はどうでしょうか。

あなたは、貯めたお金を「家族の幸せ」に使えていますか？

これまで、100世帯を超える夫婦のご相談をうけてきましたが、自信を持って「家族の幸せに使うことができている」と答えた人は、ゼロです。

子どもの教育や老後のために、必死で働き、お金を貯める努力をしているにもかかわらず、**働いても、働いても、幸せな気持ちで生活できない**現状があるのではないでしょうか？

昔の私がまさにこの状況でした。当時を思い返すと、毎日毎日、仕事と育児で疲れイライラして、子どもにあたり、妻ともギスギスして、**結婚したときにイメージしていた「家族で楽しく過ごす幸せな生活」とは程遠い**ものでした。

しかし、今は、「家族で楽しく過ごす幸せな生活」を送ることができていると、自信をもって言えるほどになりました。どうしてなのか？　変えたことはただ1つ。それは、**「家計を整えた」**だけです。

家計を整えたことで、夫婦関係も不思議と円満になり、仕事もうまくいくようになったのです。

今までより収入が増えたわけではありません。我慢して節約しているわけでもありません。宝くじを当てたわけでもありません。それなのに、子どもの夢を応援するために年間50万円、磯山家にとっての最大の楽しみである家族旅行に年間100万円を使いながらも、お金の不安なく、家族と過ごす「今」を心から楽しめるようになったのです。

整った家計とはどんな家計でしょうか？　お金が貯まる家計でしょうか？

私は「家族の幸せのためにお金が使える家計」を整った家計と定義しています。

お金を貯めるとは「将来」お金を使うこと、お金を使うとは「今」お金を使うことです。

「今」と「将来」、いつ、何に、お金を使うかにこだわることで人生は幸せになります。人生のほとんどの部分でお金が関わってきます。つまり、お金のことを考えるとは人生について考えることです。

■使えば使うほどお金が貯まる？

お金の使い方にこだわるとはどういうことでしょうか？　磯山家の子ども（小学生）のお小遣いは１週間５００円です。一緒にスーパーに行くと、子どもは脇目も振らずお菓子売り場に直行します。食材の買い物が終わりお菓子売り場に行くと、たいてい何を買うかまだ悩んでいます。兄弟で合わせるといろんな種類のお菓子が買える、１か月貯めるとおもちゃが買える、友達のプレゼントに使うから残しておかないとなど、５００円のお小遣いをどう使うのか、限られたお金をどう使うかを子どもなりに真剣に考えています。

あなたは子どもの頃、お小遣いの使い道を決めたのと同じくらい、今、お金の使い方にこだわれていますか？

お金を貯める意識よりも、**こだわって使う意識が重要です。**なぜなら、家族の幸せにこだわってお金を使えば使うほどお金が貯まるからです。

心からやりたい仕事に挑戦するためにお金を使い、起業を成功させてお金が貯まる。食事・睡眠・運動など健康にお金をかけて、仕事のパフォーマンスが上がり、収入が増えてお金が貯まる。子どもが心からいきたい大学に進学できるように塾にお金を使い、授業料減免の特待生で教育費が少なくて済んでお金が貯まる。どれも私のご相談者の話です。

自分が何をしたら幸せかわかっていない人は、**自分や家族にとって幸せではないモノに手を出してしまい、お金をどんどん失いお金が貯まりません。**自分のやりたいことがはっきりわかれば、目的に向かって行動でき、ムダなお金を使わなくなります。目的にお金を集中できるので、結果お金が貯まります。いくら収入をあげたところで、自分の人生に大切なことがわからないままでは幸せにはなれません。

最近は副業で収入を増やそう、投資でお金を増やそうと考えている人が多い印象です。しかし、穴だらけの財布に入ってくるお金を増やしても、財布の中にお金が増える資産を入れたとしても、財布にはお金が残りません。財布の中が小銭ばかりではいくら入っているかわからないし、使いづらいです。

まずやるべきは、誰でもできて一番簡単な「家計を整える」ことです。つまり、財布の穴をふさぎ、中を整理することです。副業や投資をやらないほうがいいということではなく、順番の問題です。

■お金の情報は山ほどあるのに、実践できない理由

「お金の情報を調べるだけで、行動ができていませんでした」

私のところに来られる相談者には、YouTubeや本で調べたけれども、なかなか行動に移せていない夫婦が多いのですが、みなさんはいかがでしょうか？

「なぜ行動できなかったのですか？」とお聞きすると、よくある回答は次の6つです。

・どこから手を付けたらいいかわからない。
・誰に相談したらいいかわからない。
・自分たちに合っているかわからない。
・子育てと仕事の両立で時間がなく、後回しになっている。
・節約で我慢して、ケチケチ生活するのが嫌。
・そもそも夫婦でお金の話ができない。

昔の私もこのような理由で、行動できなくなってしまっていました。

本書では、このような行動できない理由を解消する具体的な方法を書いています。

私自身が子育てしながら2000万円を貯めた実体験と、これまで100世帯以上の家計を改善してきた指導経験をあますことなくお伝えします。**効果があった再現しやすいノウハウを厳選し、誰もが実践できる形でまとめています。**

第1章では、家計がうまくいく「考え方」についてお伝えします。
第2章では、家計がうまくいく「見直し方」についてお伝えします。
第3章では、家計を整えるための具体的な実践方法をお伝えします。
第4章では、家計がうまくいく「貯め方」についてお伝えします。
第5章では、ストレスなく、お金を貯める「貯蓄の自動化」についてお伝えします。

厚生労働省が実施する「2023年　国民生活基礎調査の概況」によると、児童のいる世帯の稼働所得（働いて得る所得）の平均は750万円です。750万円から税金や社会保険料などを引くと、手取りは約600万円になります。金融広報中央委員会が実施する「家計の金融行動に関する世論調査［二人以上世帯調査］（令和5年）」によると、年間手取り収入からの貯蓄割合は、平均11％となっています。手取り600万円に対して、66万円を貯めているということです。

本書では、**世帯年収750万円の夫婦がムリせず楽しく、手取り600万円の25%、つまり年間150万円を貯める**ことを実現します。もちろん、世帯年収が750万円より多い人も、少ない人も実践できる内容になっています。

お金をどう貯めて、どう使うかで、人生は大きく変わります。「人生が変わるなんておおげさな」と思うかもしれませんが、私も、私のお客様も人生が変わっているので、自信をもってお伝えできる内容になっています。

「もし、毎年150万円使えるお金があったら、家族でどんなことに使いたいですか?」

お金の不安なく家族で幸せに過ごせている生活をイメージしながら読み進めてください。

目次

第1章

家計がうまくいく夫婦の「考え方」

第2章

家計がうまくいく夫婦の「見直し方」

第3章

誰でもできて効果が大きい、お金が貯まるお金の「使い方」

第4章

「貯める」を極めるための6つの大事なこと

第5章

「貯蓄の自動化」の仕組みを作ろう

タイトルでは、多くの人がイメージしやすいように「貯金」という表記を使っていますが、本文中では、現金を貯めることも含め、広く金融資産を活用し「貯蓄」できる方法を紹介しています。

企画協力……ネクストサービス株式会社　松尾昭仁
本文デザイン……岡崎理恵
DTP……キャップス

序章

誰でもラクに年150万円貯められる

身をもって知ったお金と向き合う「考え方」

仕事は充実、プライベートは離婚まであと一歩

ここで私の人生を少し紹介させてください。

私は、大学時代に中国へ留学したことで人生が変わった経験から、「人生を変える旅行を提供したい」という想いで大学を卒業後、名鉄観光サービス株式会社に就職し、さらに転職して株式会社近畿日本ツーリスト中国四国（当時）に就職しました。

そこでは小学生の修学旅行から大企業の社員旅行まで、一つひとつの団体旅行をこだわって企画し、自身で企画した旅行に同行する仕事が楽しくて仕方がないほどやりがいを感じていました。社内で中四国ナンバー1の成績をおさめるなど、成果もやりがいもあり、仕事はとても充実していました。しかし、プライベートは連日の残業、休日出勤で家族との時間がとれず、離婚まであと一歩という状況でした。

そんな危機を回避すべく、人生で何が大切か、何のために仕事をしているのか、ただただ自分なりに考えました。その結果、**「家族と幸せに暮らすために仕事をしよう！」**というのが私の答えでした。

そこで、保険にはまったく興味がなかったのですが、仕事をする場所と時間を自分で決められることに魅力を感じ、外資系保険会社に転職しました。ところが入社後、支店最低レベルの成績が続き、精神的に追い詰められていきました。提供するサービスに絶対の自信がなく、提案してもお客様にとってベストな選択なのか迷いと罪悪感があったことが原因です。

旅行会社で働いていたときは、この旅行をしたら「絶対楽しい」「絶対学びがある」と100％の自信をもってお客様に提案ができていました。自社の商品だけでなく、お客様にとって良いと思ったら他社の商品を提案してもいいし、商品がなければオリジナルの商品を作ってもいい旅行会社の仕組みが私に合っていたのです。

しかし、保険会社では自社の商品のみしか提案できませんでした。「日本には保険会社が約40社あるのに、なぜこの商品なのか」「なぜiDeCoやNISAではなく、貯蓄保険なのか」など、自社の商品がお客様にベストな提案なのか、疑問に感じていました。

お金の学びを追究すればするほど正解が見えなくなる？

そこで、徹底的にお金に関する学びを追究しました。100冊以上ものお金に関する本を読み、100回以上のセミナーに参加し、有料のお金の学校に通い、20人以上の専門家にも相談しました。

しかし、学べば学ぶほど**正解が見えず、毎日ストレスを感じる**生活になってしまいました。

保険は不要と言っている人がいる一方で、保険は必要と言っている人もいる。住宅ローンは変動金利がいいと言っている人がいる一方で、固定金利がいいと言っている人もいる。資産運用は、不動産投資がいいと言っている人もいる一方で、株式投資がいいと言っている人もいる。どこの携帯会社がいいか、どこのクレカがいいかなど……。

「どれが本当の情報なんだ〜!?　みんな言っていることが違う！」。約1年間、お金について悩み続けました。本当につらい日々でした。いいなと思ったやり方を実践しては、新しい情報を聞くと前のやり方をやめて、別のやり方をすることを繰り返していました。

「私の場合は、どの方法がベストなのか、早く誰か教えてほしい」。正直、考えることに疲れていました。

1人のお金の専門家との出会いが、私の人生を変えてくれた

そんななか、ＦＰブレーン株式会社の岩川さんとの出会いが私の人生を変えました。

ＦＰブレーンにお金の相談をしているお客様は、豊かで幸せな生活を送っていました。

私はなぜなのかをじっくり観察しました。すると、１つの共通点が見えてきたのです。その共通点とは、**お金と向き合う「考え方」と「基礎知識」を学んで、自分で決断して行動している**ことでした。


しかし、多くの人はそうではありません。アドバイザーが売りたい「おすすめ」金融商品を提案され、それがいいと信じ、他人のおすすめで購入する決断をしています。そのため、**豊かになるのは販売した側で、アドバイスを受けた側はこんなはずじゃなかったと後悔している**ことに気づきました。

アドバイスを提供する側も受ける側も両方が「豊かに幸せに生活できる」ビジネスモデルが必要だと考えました。そのために、商品を販売することを目的とせず、有料で正しい情報をお伝えし、お客様自身で決断して行動できるプログラムを体系化し、独立をしました。

転勤がないので、**100歳まで考えて長期的に有利な選択肢を提案し、お客様の人生に徹底的に寄り添う**ことができます。

磯山メソッドで人生が好転した3組の夫婦

本書は、私が日頃行っているご相談の内容のなかで、特に効果があったノウハウを厳選し、取り組む順番を決め、やることを絞り、まず行動することを重視しています。本書の内容を実践することで、**お金を貯めることができるだけでなく、人生が変わります。**

ここで、これまでの実践者のなかで、人生が変わった事例をご紹介したいと思います。

共働きなのにお金が貯まらない30代夫婦

「大きな支出をしているわけではないのにお金が貯まらない」というお悩みをもった共働き夫婦のご相談でした。家計を見てみると、その理由はすぐわかりました。

保険に毎月6万円、携帯に毎月2・5万円、保険と携帯だけで年間約100万円の支出です。100万円の時計、3年おきに買い替える300万円の残価設定の新車、4000万円の住宅ローンなどの借金の返済に毎月15万円、年間180万円です。確かに単発的な大きな支出はないのですが、継続的な大きな支出がある状態ではお金は貯まりません。

また、間違った情報源から、ふるさと納税にメリットはない、ポイ活はやっても仕方がない、個人年金保険が老後のお金を貯めるためにベストな方法などと思いこみ、家計の判断をしていました。

家計がうまくいかない夫婦の典型的なパターンです。まずやるべきは、根本的な家計に対する考え方を変えることでした。第1章、第2章でお伝えしている家計がうまくいく夫婦の「考え方」「見直し方」にマインドセットして、そのうえで、第3章でお伝えしている実践をしていくことでお金を貯めることができるようになりました。

実践後、夫婦の口から「たったこれだけをやればよかったんだ」と**家計管理を夫婦で考えるときの順番とやるべきことを明確にして取り組む重要性**を感じられていました。まじめな夫婦ほど、情報を見すぎてしまい、やらなくてもいいことに時間を使い、やらないといけないことをやっていないことがあります。

家計を整えたことで、**お金のことで悩んでいた時間を家族の人生について考える時間に変えることができています。**キャリアについてもしっかり考え、転職をして収入を上げられました。現在、家族の理想の生活に向けて夫婦で実践できていると言われています。

イライラ妻・無関心夫のお金の話ができない40代夫婦

奥さま「結婚してからずっと主人は全く家計のことに興味がなく、ほぼ全て私が管理していたので、お金や将来のことを夫婦で話し合うことなどはもちろんありませんでした。その私1人が大変で、主人は何も協力してくれないという不満が正直すごくありました。その結果、私のイライラから夫婦喧嘩になることも多々ありました」
ご主人「妻に任せきりの状況を理解していたものの、どこから手をつければ良いかわからなかった」

将来のお金の話をするのはお互いのためなのに、なぜか話しづらいと感じてしまい、お金の話を避けている夫婦は意外と多いです。お金の話を夫婦でやる気をだして実践するためには、効果が大きく、簡単な順に実践していくことが重要です。

まず、最初に実践したのは携帯代の見直しです。携帯のキャリアを変更して、家族で月1万円を削減できました。さらには、家電量販店で使える11万ポイントをもらえ、冷蔵庫を購入できた成功体験からスイッチが入り、第3章でお伝えしている誰でもできて効果が大きい、保険、買い物、税金、借金、ポイ活の5つを一気に実践できました。やはり、家計への効果を実感してくるとモチベーションが格段にあがります。


最初にお会いしたときに、家計について質問すると、このような回答をされていました。

「なぜこの保険に入ったのですか？」と質問すると、「保険会社のおすすめで」。

「なぜこの住宅ローンを組んでいるのですか？」と質問すると、「銀行のおすすめで」。

「なぜこの商品で投資しているのですか？」と質問すると、「証券会社のおすすめで」。すべて販売者のおすすめで購入しています。

こちらがきちんとした知識をもたず、相談をするとカモにされてしまいます。夫婦にとって必要ない商品や条件が悪い商品を買っていることに気づき、激怒されていましたが、安易に販売者のおすすめで決めていたのはご相談者です。ご相談を終えたあとは、**きちんと学んで夫婦で決めることの大切さ**を実感されていました。

そして、第4章、第5章でお伝えしている「貯め方」を考え、「貯蓄を自動化」して貯める仕組みを作り、共働きで忙しい夫婦でも、お金が貯まる家計をストレスなく継続できています。旅行など今しかできない楽しみにお金を使いつつ、将来のためのお金の準備もされています。

そんなご夫婦が家計を整えてからは、夫婦一緒に現実に向き合い、話し合い、お互いに意見を言い合うようになったそうです。**夫婦一緒に自分たちの家族の正解を見つけようと行動していることが以前の私たちでは想像もできない変化**だと言われています。

ご主人ががんで働けなくなった40代夫婦

40代男性で、ご相談の1年後に咽頭がん、舌がんに罹患されたご相談者がいます。手術で舌と声帯を摘出したので、話すことができません。声を出すことが必要な仕事をしていたので、今までと同じように働くことはできない状況です。

お客様と相談のうえ、医療保険が中心の保険から、ご相談者にとって最も大変な状況を想定し、亡くなったとき、働けなくなったときを重点的にカバーする目的で保険の内容を変更していました。その結果、65歳まで民間保険と公的保険を合わせて月約50万円を受け取れています。

手術後、落ち着いてからお伺いしたときに、ご主人は、次のように書かれました。

「手術をやろうと思ったきっかけは保険があったことでした。声を出すことが必要な仕事だったので、手術後、仕事ができなくなったら妻が私の分まで働かないといけない状態になります。だからこそ手術するのをためらいました。保険があったから仕事をしなくても家計が困らない選択肢がとれた、それが大きかったです。

がんで困るのは、がんが原因で収入が減ることです。手術や治療をしても、もとのように働けない人も多くいるので、治療が終わってその先の生活が送れるかが大切です。**働けなくなったときに備えることができた保険は、僕の人生を変えてくれました**」

もし、保険の内容を変更していなかったら、受け取れる給付金は数十万円のみでした。家族の人生は激変していたでしょう。保険については、第3章で詳しくお伝えしていますが、保険に正解はありません。保険が必要かは、家計・制度・気持ちで決めることができます。本気で保険について考えたことでご相談者の今の生活があります。

家計を整えると人生が変わる

ご紹介した夫婦の世帯年収は、750万円以上の夫婦も、750万円未満の夫婦もいますが、年間150万円以上お金を貯めています。やったことは、**「家族の幸せを夫婦で話して、家族の幸せにお金を集中し、貯蓄を自動化する」**。**誰でもできる本書の内容を実践しただけ**です。

夫婦の人生に本気で向き合う時間をとり、家計を整えたことで、お金が貯まるだけでなく、理想の人生に向けて楽しく生活できる、ケンカが少なくなり夫婦円満になる、働けなくなっても家族が経済的に困らないなど、人生が変わっています。

夫婦でお金の話をするのは、めんどくさいと思うかもしれません。しかし、それをするかしないかで人生は良いほうにも、悪いほうにも変わります。夫婦でうまくお金の話をする方法についても、第2章で紹介しているので安心してください。

この後の章を順番に読み進め、一緒に家計を整えていきましょう。

コラム

方向性を間違えなければちゃんと貯まる

私は高校を卒業後、香川大学に進学しましたが1年で辞めて、立命館大学に入り直しました。なぜそんなことをしたのか。私の人生で叶えたい目標があったからです。私が中学生のころから思い続けていた、バドミントンの全国大会に出場するという目標を叶えるためでした。

当時、西日本で常に上位の成績を残していた立命館大学に行って環境を変えれば、強くなれると思って行動しました。立命館大学は、全国上位の選手たちの集まりで、想像していたよりも大きな力の差がありました。

私は4年間きつい練習も手を抜かず、居残りで練習もして誰より努力をしていると思っていました。その結果、入学時よりも強くはなれましたが、全国大会に出場する目標は達成できませんでした。


なぜ私は目標を達成できなかったのか。大学を入り直しても目標を達成できなかった理由は、**努力の方向性を間違えていた**からです。強い選手は特別な練習をしているからこそ、強いのだと考えていましたが、決してそうではありませんでした。強い選手は徹底的に基本的な練習をしていたのです。自分を追い込んで頑張る努力ではなく、基本的な練習を徹底的にやり抜く努力が必要だったのです。

家計も同じです。頑張って努力をしていても、努力の方向性を間違えていて成果がでない夫婦をこれまで見てきました。**大切なのは「正しい方向性」で努力すること**です。誰でもできる基本的なことを正しい方向性で実践することが一番の近道です。

第1章

家計がうまくいく夫婦の「考え方」

貯めたいと思ったら知っておくべき大切なこと

うまくいかない夫婦は、お金を増やす「手段」から探す
うまくいく夫婦は、お金を増やす「考え方」から学ぶ

特別な手段は必要ない

世帯年収750万円の夫婦が、毎年150万円貯めるためにはどうしたらいいか。お金を増やす「手段」を手っ取り早く教えてほしいと思った人もいるかと思いますが、いきなり「手段」を探すとうまくいきません。

30代の夫婦が、お金の不安を抱えてご相談にこられました。お悩みをお聞きすると、「投資に興味があるが、YouTubeを見ても、友人に聞いても、みんな違う意見でどうすればいいかわからなくなってしまった」とのことでした。

YouTubeやブログ、友人から聞く情報で頭が混乱して、投資を「保険でやるか、NISAでやるか？　不動産でやるか？　FXでやるか？　ビットコインでやるか？」と、決

断できていない状況でした。

家計がうまくいく夫婦とうまくいかない夫婦の大きな違いは、「特別な貯蓄術」「スーパー節約術」などといった特別な**「手段」よりも、「考え方」の部分**です。誤解を恐れずお伝えすると、特別な手段は必要ありません。誰でもできることをやるだけで家計は整います。

世の中にお金を貯めるノウハウは山ほどあります。しかし、ほとんどがあなたに必要のない情報です。あなたに必要な情報はほんの一部しかありません。何が必要か判断できない状態で、いきなり情報を集めるのではうまくいきません。自分だけ儲かるいい話が来たと勘違いし、詐欺にあってお金を失ってしまいます。

まずやるべきは、**魚をもらうのではなく、魚の釣り方を身につける**ことです。「魚」＝「解決策」です。手軽な解決策をもらえれば、そのときは助かりますが、ずっともらい続けないといけません。情報を自分で判断できる力をつければ、自分に合った解決策を自分で判断できるようになります。応用もできます。

そのためには、**お金と向き合う「考え方」と「基礎知識」を身につける**ことが必要です。

この章では、家計がうまくいく夫婦とうまくいかない夫婦の「考え方」の違いをお伝えしていきます。お金を増やす手段より、まず、お金を増やす考え方を身につけましょう。

うまくいかない夫婦は、「家計の正解」を探す うまくいく夫婦は、「家族の納得解」を探す

漁師が考える幸せ・コンサルタントが考える幸せ

「メキシコ人の漁師とハーバード大卒のコンサルタント」という話があります。

アメリカ人のエリートコンサルタントがメキシコの小さな漁村を訪れ、若い漁師が大きなマグロを釣っているのを見ました。漁師は、1日数時間しか漁をせず、**朝は遅くまで寝て、子どもたちと遊び、野球の試合を見て、妻と一緒に昼寝をし、夕方には、友達と一緒にギターを弾いて、歌い、楽しんでいます。**

コンサルタントは漁師にもっと長く漁をして収入を増やし、大きな船をたくさん買い、仲介業者を使わずに直接魚を売り、自分の缶詰工場を持つようになるべきだと助言しました。そして、大都市に移り住んで、さらに事業を拡大できると説明します。

漁師がその計画にどれくらいの時間がかかるのかと尋ねると、コンサルタントは15年から20年で達成できると答えます。そして、最終的には会社の株を売却して、莫大な利益を得ることができると説明しました。

漁師がそのあとどうなるのかを尋ねると、コンサルタントは、そのお金で引退し、海岸沿いの小さな漁村に移り住んで、**朝は遅くまで寝て、子どもたちと遊び、野球の試合を見て、妻と一緒に昼寝をし、夕方には、友達と一緒にギターを弾いて、歌うことができる**と答えます。

（参考：「WantToKnow.info のＷＥＢサイト」 https://www.wanttoknow.info/051230whatmattersinlife）

コンサルタントがアドバイスした事業計画で、15年から20年の時間をかけて手に入る生活は、すでに漁師が手にしている生活だったというお話です。

漁師が考える幸せ、コンサルタントが考える幸せ、それぞれに幸せの形があります。「自分が何を大切にしたいか」それがわからないと、一生他人の意見を聞いて惑わされ続けます。**あなたにとって、人生で本当に大切なことは何ですか？**

「好きなときに、好きな人と、好きなことができる」これが幸せにつながる

『サイコロジー・オブ・マネー　一生お金に困らない「富」のマインドセット』（モーガン・ハウセル著、児島修翻訳、ダイヤモンド社）という本のなかで次のように書かれています。

〈どんなに高い給料よりも、どんなに大きな家よりも、どんなにステータスのある仕事よりも、「好きなときに、好きな人と、好きなことができる」生活を送れることのほうが、人を幸せにするのである。そして、お金が私たちにもたらす最大の価値がそれだ。お金は、自分の時間をコントロールできるようにしてくれる。〉

私にとって**「お金で自分の時間をコントロールできるようになる。それが幸せに**

つながる」、この言葉が、お金とは何かを表したもっともしっくりくる言葉です。私が独立できたのも、ある程度の貯蓄があったからです。小さな子どもが2人いる状態で、独立して収入が減ったら大変です。数年分の貯蓄があったから、安心して独立にチャレンジできました。

自分で自分の時間を何に使うかを決められることは、幸福感に大きくつながっています。お金は、**心に余裕と安定をもたらし、人生の選択肢**を広げてくれました。

家計に正解はない。「家族の納得」が最高の正解

『サイコロジー・オブ・マネー』の著者は住宅を現金で購入しています。この著者がお金持ちであることを伝えたいのではありません。理論的には、低金利で住宅ローンを借りて、余った現金を使って投資でより多くのリターンを出すことが正解です。

なぜ、理論的な正解ではなく、現金で家を購入したのでしょうか？　その理由は次のように書かれています。

〈ローンを組まずに家を所有することで生まれた自立した気持ちには、低金利の住宅ローンを活用することで得られる経済的利益をはるかに上回るメリットがあった。私たち夫婦にとって、毎月のローンの返済がないことは、資産を長期的な投資によって最大限増やすよりも気持ちがいいことであり、経済的に自立していると感じられたからだ。〉

理論的な正解よりも、ローンを組まずに家を所有することで生まれる自立した気持ちを重視して決めたことが家族の幸せにつながっています。

資産運用、住宅ローン、保険など、家計を考えるときには、損得が発生します。損得から最大限お金を貯めることばかりを考えてしまい、うまくいかない夫婦を見てきました。大切なのは**家族の幸せを重視して決める**ことです。理論的な正解はあるが、誰にでもあてはまる正解はありません。**正解は1つではなく、それぞれの家族の納得解の数だけ存在**します。

資産を最大化するより、限りあるお金を「家族の幸せ」に使うために、家族の納得解を探しましょう。

うまくいかない夫婦は、「我慢して」節約する　うまくいく夫婦は、「こだわって」お金を使う

家計の幸適化《さいてきか》を目指そう

家計の見直しと聞いて、どのようなことをイメージしますか？

「家計の見直しって節約のこと？　食費を削ったり、旅行をやめたり、そんなの人生楽しくない」と思っている人もいるかもしれません。

ご相談者のなかで、こんな人がいました。その人は、1人で食事するときは、家で自炊する、友人と食事するときは、外食すると決めています。美味しい料理は、誰かと一緒に食べることで、より美味しく感じることができる。毎日が外食だと、外食が普通になるが、たまの外食だとその食事がよりいっそう美味しく感じられるからだそうです。

なんとなくお金を使うのではなく、お金の使い方にこだわっていますね。

以前、私は、コーヒーやお茶などの飲み物に、1日500円程度使っていました。1日500円ということは、1年で18万2500円です。1日500円でなんとなく買っている飲み物を水筒に変えたら、年に一回家族旅行にいける金額になります。

私の家族にとって、幸せなお金の使い方は、旅行です。旅行にお金を集中するほうが、同じ金額を使っても、家族の幸せに直結するので飲み物を買うのをやめました。

ここでいう、お金の使い方にこだわるとは、ケチケチすることではありません。**我慢して節約する意識ではなく、家族の幸せにお金を集中することで、結果、お金が貯められます。**

・起業の挑戦にお金を集中→起業を成功させて、お金が貯まる
・子どもの教育にお金を集中→授業料減免の特待生で合格し、お金が貯まる

本書では、お金の使い方にこだわり、家族の幸せにお金を集中することを「家計の幸適《さいてき》化《か》」と呼んでいます。

あなたの大切な「家族」とは誰のこと?

ここでいう「家族の幸せにお金を集中させる」とは、一緒に暮らしている家族にしかお金を使わないことではありません。

序章でお伝えした、私の人生を変えたファイナンシャル・プランナー(FP)の岩川さんから、「磯山君の大切な家族は?」と聞かれたことがあります。私は、「妻と子どもと両親です」と答えました。すると、岩川さんは「私は家族ではないの?」と言われました。私は、正直なにを言っているかよくわかりませんでした。岩川さんは「私は、磯山君を家族だと思っているよ。弊社のお客様、一緒に働いている仲間も、子ども達と同じように家族だと思って、大切にしたいと思っているよ」と言われました。

私にとって重要な存在は「家族」です。家族の幸せにお金を集中します。**この「家族」は妻と子ども、両親などの血のつながりも含まれますが、もっと大きな意味です。私が大切にしたい人**のことです。

うまくいかない夫婦は、支出を「分類」する
うまくいく夫婦は、支出を「集中」する

消費・浪費・投資に分けたらうまくいく？

お金の本を読むと、支出を消費・浪費・投資の3つに分けることが書かれています。消費は、衣食住など、生活するのに必要な支出。浪費は、不要な買い物、ギャンブルなど、必ずしも生活に必要ではない支出。投資は、習い事などの自己投資、将来の貯蓄や金融投資など生活に不可欠ではないが、将来への支出と言われています。

収入の○割を消費に、○割を浪費に、○割を投資にとよく聞きますが、うまくいくのでしょうか？

私も以前やってみたことがありますが、長続きはしませんでした。家族旅行は「生活に不可欠なので消費？」「娯楽なので浪費？」「仕事の役に立つので投資？」など、消費・浪

費・投資は、どのようにでも解釈でき、気持ちによっても変わるからです。

そんな細かいことを考える必要はありません。もっとシンプルに考えましょう。**家族が本当にやりたいことに支出を集中させる**、これだけです。つまり、家計の幸適化です。お金を使う判断基準が家族の本当にやりたいことなので、自然と家族にとってやらなくてもいいことには、お金を使わなくなります。磯山家の場合だと、旅行費と教育費、住居費にお金を集中することで、食費、車、モノなどにはお金を使わなくなりました。

9割の夫婦は「幸せ」に気づいていない

私はご相談をうけるとき、必ず最初に、何のためにお金を貯めるのか、貯めたお金をどう使うのか、夫婦でしっかり考えてもらいます。そこでは、お互いに「そんなことを考えていたの?」「それは言ってよ~」などと聞こえてきます。9割以上の人が、「自分の幸せ」「家族の幸せ」に自分で気づいていないのです。

お金をいつ、どこに、どれだけ使いたいかが決まれば、おのずとお金を貯める手段は決まってきます。老後に子どもと旅行するのも楽しいでしょうが、子どもが小さいときに一緒に行く旅行は、今しかできない楽しさだと思って、私は、年に4回家族旅行に行くことを決めています。そのため、今、お金が使えるように家計を管理しています。

ただ単にお金を使うのではなく、**幸せに感じることにお金を集中すると人生が豊かになります。**まず、第一歩は、自分が何をすれば幸せになるかを知ることから始めましょう。

家族の幸せを考えることを難しくしているのがSNSの存在です。他人の幸せそうな姿を見る、他人より幸せそうな姿をアップする、私たちは他人との比較のなかで生活しており、自分の本当の幸せを考えることができなくなっています。

この解決策は、他人が気にならない環境を作るために、SNSをやめる、または、見る時間を少なくすることです。私はSNSを基本見ません。SNSを見る時間を生活から少なくすることで、**SNSの「いいね!」より、家族の「いいね!」を大切にする**ことができるようになりました。他人と比較する時間を、目の前の大切な人とどう幸せな時間を過ごせるかを考える時間に変えましょう。

うまくいかない夫婦は、「将来だけ」を考える うまくいく夫婦は、「今と将来のバランス」を考える

お金はあるのに、世界一の星空が見られない

そもそも、なぜ私が家計の幸適化が大切だと感じたのか。それは、私の旅行会社のときの実体験によります。60代夫婦のハワイ旅行に同行をしているとき、「今使うお金」と「将来使うお金」を明確化することの大切さを実感しました。

ハワイには、世界一星空がきれいとも言われているマウナケアという山があります。しかし、ご主人は持病があったため、標高が高い星空ツアーに参加できませんでした。そのときの夫婦の言葉が今でも印象に残っています。

「ハワイの星空を見たかったな。若いときに来たらよかった。今は、お金はあるができないことも多いな～」とおっしゃっていました。

いろいろお話ししていると、「若いときの収入で、旅行に行くお金は十分にあったが、とにかく教育費と老後の貯蓄のことばかり考えて、なかなかお金を使うことができなかった。子どもたちが独立して夫婦2人の生活になったら、旅行に行こうと思っていた。しかし、今は持病があり、若い頃のようには旅行を楽しめない。今のお金を若いときにもっと使っておけばよかった」と後悔されていました。

人生の体験には賞味期限がある

私の両親は、私が本気でやりたいことをいつも全力で応援してくれました。そんな両親にとても感謝しています。香川大学に入学後、バドミントンの全国大会に出場する目標を叶えるために立命館大学に入り直し、5年間大学に通わせてもらいました。週末、海や山にキャンプに行ったこと、一緒に習い事やスポーツを練習したこと、今でも鮮明に覚えています。

両親は私に23歳までしかできない貴重な経験をもたらしてくれました。今の生活に、23歳までの経験が非常に活きています。

なので、私も子どもにはお金を残すのではなく、若いときしかできない経験をさせてあ

今と将来に使うお金のバランス

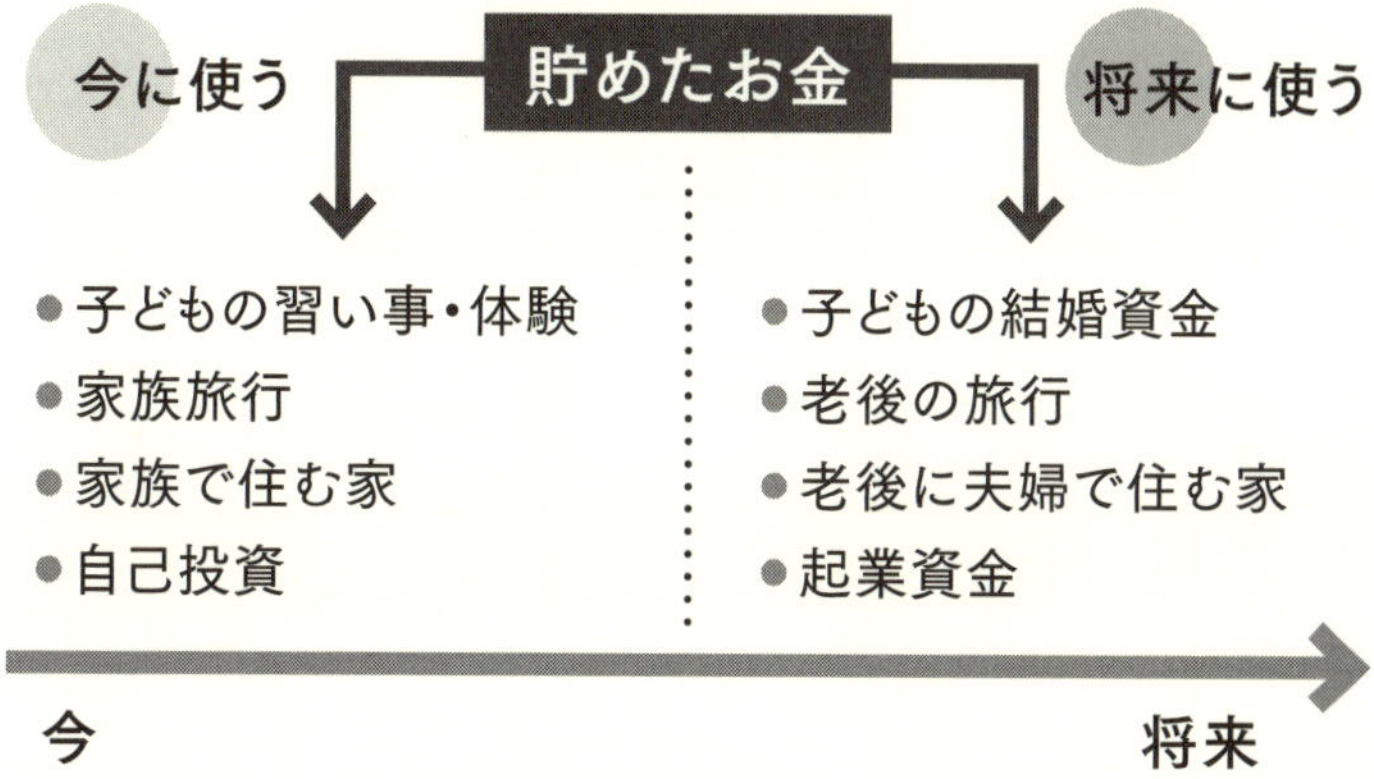

げたいと思い、今本気でやりたい習い事や家族旅行にお金を使っています。

子どもが社会人になった後、結婚資金や住宅資金を援助するつもりはありません。自分の死後、子どもにお金を残すつもりもありません。

人生の体験には賞味期限があり、若いときにしかできないことがあります。将来ばかりではなく、今と将来のお金のバランスを考えてみましょう。

将来のためにお金を貯めることが必ずしもいいことではありません。

貯めたお金を何に使うかを意識的に決めて、お金を幸せに変えることが大切です。お金は使うことで価値が生まれます。

コラム

1000円カットにポルシェが停まっている謎を解き明かす!

「1000円カットにポルシェが停まっている」と社内で噂になりました。以前勤めていた会社の先輩の話です。

「なんでお金を持っているのに1000円カットを利用しているのですか?」とその先輩に聞くと、「1万円の美容室にいくのと、1000円カットにいくのと、自分が見て大差がないと思ったから。もちろん、美容室の雰囲気やスタッフの接客は1万円の美容室のほうが優れているけれど、そこを求めていないから」と答えられました。

「なんで、ポルシェに乗っているのですか?」とお聞きすると、「別にポルシェが好きなわけではない。ただ、リクルートの仕事もしているので、仕事を頑張ったらこんな車にも乗れるようになると夢を与えるためにポルシェに乗っている」と答えられました。

お金があっても、お金の使い方にこだわっています。

- 1日2時間の車通勤の移動中を快適に過ごすために、車にお金を集中させている。

- 夫婦でお酒を飲んでいる時間が最高に楽しいので、お酒にお金を集中させている。
- 家族や友人とゆっくり過ごせる空間を作るため、家にお金を集中させている。

「車や家やお酒など贅沢品にお金をかけるな」と一般的にはよく言われていますが、お金の使い方を意識的に選択できているかが重要です。使えるお金は限られています。何にお金を使って、何に使わないのか。何かにお金を使えば、他のことはあきらめないといけない。ほしいものをすべて買うことはできません。大切なのは、自分で決めることです。

お金持ちが幸せとは限りません。これまで、次のような家族を見てきました。

- 持ち家、高級車で、一見豊かそうに見えるが、実は借金地獄。
- 現役時代に仕事で無理をしすぎて健康を害してしまい、お金はあるが使い道がない。
- 高収入で貯蓄もあるが、家族関係がうまくいっていない。

お金を持っている人が幸せなのではなく、お金を家族の幸せに使えている人が幸せになれます。まさに、家計の幸適化が幸せにつながっています。

第2章

家計がうまくいく夫婦の「見直し方」

特別なテクニックなど一切いりません

誰でもできる簡単なことをやるだけでいい

「ムリせず楽しく、毎年150万円貯める」。このやり方はとてもシンプルです。

家族の幸せを夫婦で話す。貯める150万円を除いたお金で幸せな日常の生活ができるようにする。150万円のお金を貯める仕組みを作り、今に使うのか、将来に使う（将来のために貯める）のか、今と将来のバランスを考えて使う。

誰でもできる簡単なことをするだけで、お金が貯まるだけでなく、理想の人生に向けて楽しく生活できる、ケンカが少なくなり夫婦円満になるなど、「ムリせず楽しく」夫婦でお金と向き合えるようになります。

「そんなこと当たり前だ」と思った人もいるかもしれません。

「そんなことわかっているよ……」と思った人もいるかもしれません。

しかし、**「知っているだけ」と「実践している」では大きく違います。** できている夫婦は多くありません。なぜなら、夫婦でお金の話をして家計を見直すためには、ポイントがあるからです。

ムリせず楽しく毎年150万円貯める全体像

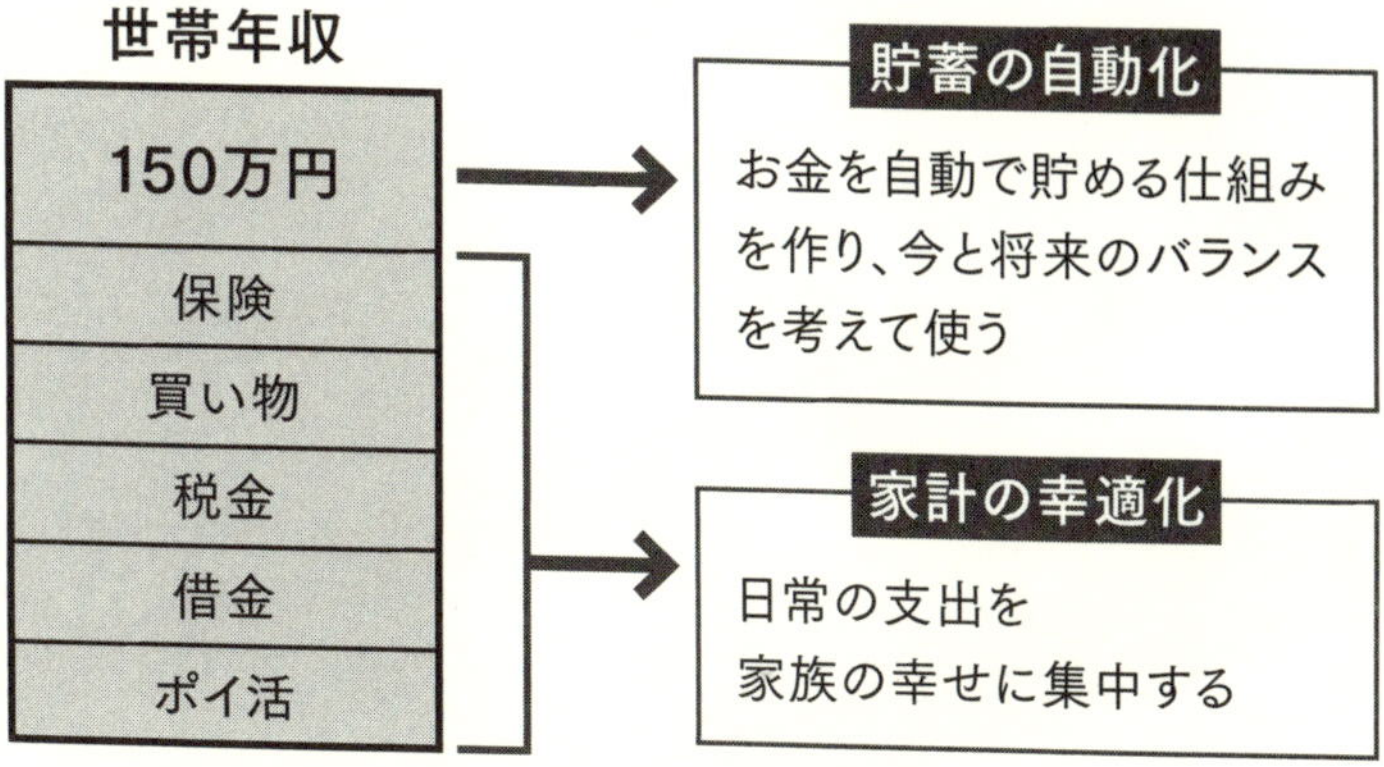

- 100点を目指さない
- 部分的にコツコツ見直さない
- 100年生きる前提で
- 問題の予防にお金を使う
- 予測をしない
- 無料にこだわらない
- 専門家に操られない
- 感情とうまく付き合う
- 共同経営者の意識で
- 思いつきで話さない
- 最初に手段を決めない

この章では、家計がうまくいく夫婦とうまくいかない夫婦の「見直し方」の違いを参考に、どう家計を見直していくのかをお伝えしていきます。

うまくいかない夫婦は、「100点」を目指す うまくいく夫婦は、「80点」を目指す

80点家計が夫婦でストレスなく取り組めるコツ

「夫が家計に協力的でないので、なんとかしたい」とご相談に来られた40代の夫婦の話です。「ご主人は、どのように協力的でないのですか？」と質問すると、奥様は「たとえば、私はポイントを貯めるために頑張っているのに、主人はきちんとポイントを貯めてくれないんです」と言われました。

以前は、専業主婦であることに罪悪感を持っていた奥様ですが、自分は「家計をやりくりして、できる限りお金を貯める」のが役割だと考えるようになってから、家族の役に立っている実感を得られたようです。日々の買い物でポイントを貯めるのも、家計管理の一環であり、力を入れていると言います。

確かにきちんと家計管理をして、お金を貯めることは大切ですが、**夫婦でしっかり話をして共通の理解をしていないと、かえって損をしてしまうことがあったり、仲がギスギスし始めたりする**こともあります。そんな典型的な例の夫婦でした。

しばらくすると、黙っていたご主人が口を開き、「妻が頑張ってやってくれており、ケンカになるのが嫌でこれまで何も言わなかったけれど、正直ついていけないです」と言われ、イラッとした奥様と口ゲンカが始まりました。

ご主人が一番ついていけないのは、「今日はこの店がポイント5倍デーなので、そこでこのＱＲコード決済を使って買い物してね」と言われたりすることでした。毎日決められた場所で、決められた決済で買い物をして、10種類以上のポイントを貯めることは、ご主人にとってストレスのようです。

話を聞いていくと、ご主人はときには指定された店以外で買い物をすることもあり、その際、どこで買ったかバレないように、現金を使うことすらあったそうです。これでは本末転倒です。

私は「家計の１００点を目指すのをやめませんか？　**やるかやらないかは大きな差**

になりますが、80点と100点は小さな差です。80点取れたら、それでいいくらいの気持ちで、夫婦で継続できる方法で実践しませんか？」と提案し、貯めるポイントを2種類に絞ることにしました。

やること・やらないことの線引きを決める

家計の幸適化ができてくると、貯蓄額が増え、効果が目に見えてわかるので嬉しくなります。やればやるほど効果が出るので、そのうちお金を使うことに罪悪感が出てきます。私も、お金を使うことが苦しかった時期がありました。旅行に行っても、安いホテルでできるだけお金を使わないようにして、せっかく旅行に来ているのにお金の心配ばかりしていました。しかし、やること・やらないことの線引きをきちんと決めたことで、お金を使えるようになりました。

私が決めている「やること・やらないこと」の一部は、次の通りです。

- 保険にお金をかけない↓食事や健康、病気の予防にお金をかける
- 車などモノは中古↓旅行にお金をかける

・子どもにお金を残さない↓子どもが小さいときの体験や経験にお金を使う
・スーパーのはしごはしない↓スーパーで見切り品を買う
・年賀状を送らない↓年末に大切な人に贈り物をする
・焼肉屋さんに行かない↓家の庭でＢＢＱをする

これが正解かどうかはわかりませんが、**夫婦でストレスなく、継続的に取り組むことができています。**特に、**やらないことを決めるのが重要**です。やることから決めていくと、これもやりたい、あれもやりたいとなってしまうので、やらないことから考えてみましょう。

やらないことを決めるポイントは、次の通りです。

・優先順位が低いものをやめる　（例）会社の飲み会（２次会）を断る
・他の人やモノに任せる　（例）掃除は家事代行、ロボットを活用
・あきらめる　（例）スーパーを買い回りして、最安値で買うことをしない

うまくいかない夫婦は、「部分的にコツコツ」見直す
うまくいく夫婦は、「全体的に一気に」見直す

保険ショップで最高の保険に加入できた⁉

以前、「保険ショップで20社の保険商品を比較して、すごく良い貯蓄保険に加入できたので、保険は特にアドバイスはいらないと思います！」と自信満々な夫婦からご相談がありました。

「貯蓄保険のなかでは良い商品かもしれないですね。貯蓄する方法には、その他にもｉＤｅＣｏやＮＩＳＡなどもあると思いますが、保険ショップでそれぞれを比較して検討されましたか？」とお聞きすると「比較していない」と言われました。

私は、貯蓄保険、ｉＤｅＣｏ、ＮＩＳＡについて、それぞれのメリット・デメリットをお伝えしました。すると、「ｉＤｅＣｏ・ＮＩＳＡを活用してお金を貯めたい！」と言わ

れましたが、**貯蓄保険は入った瞬間に手数料がかかり、短期間で解約すると大きな損になるので、その夫婦はすごく後悔していた**のを鮮明に覚えています。

最近は、保険ショップで、複数の保険商品を比較して選ぶことができるのが当たり前です。そんななか、よくある失敗が、すべてを保険で解決してしまうことです。もしかしたら、問題の解決方法は、保険ではなく、病気にならないようにするための普段の食事や運動、病気を早期発見するための健康診断や人間ドックかもしれません。

保険を比較すると、良い保険は見つかるかもしれませんが、**それ以外の選択肢に気づくことができない**可能性があります。「木を見て森を見ず」ですね。

投資、保険、住宅ローン、不動産、預金など、**家計は全てつながっています。**投資だけ、保険だけ、住宅ローンだけなど、それぞれを個別に見直してもうまくいきません。

家計は**「部分的にコツコツ」見直すのではなく、「全体的に一気に」見直しましょう。**

うまくいかない夫婦は、「長生きしないので大丈夫」と言う
うまくいく夫婦は、「100年生きても大丈夫」と言う

100年生きても家計は大丈夫?

『LIFE SHIFT』(リンダ・グラットン著、アンドリュー・スコット著、池村千秋翻訳、東洋経済新報社)という2016年に発売された本があります。そこには、次のように書かれています。

〈国連の推計によれば、2050年までに、日本の100歳以上人口は100万人を突破する見込みだ。〉

〈2007年に日本で生まれた子どもの半分は、107年以上生きることが予想される。いまこの文章を読んでいる50歳未満の日本人は、100年以上生きる時代、すなわち100年ライフを過ごすつもりでいたほうがいい。〉

「長生きなんてしないので大丈夫です」と言われる人がいますが、人生100年時代が現実的になっています。「100年生きても大丈夫な」家計を作るためには、**100歳まで生きることを考えて、長期目線で有利な選択をすることが重要**です。

人生は「現役」「老後」の2つのステージに分けることができます。

現役ステージでやるべきことは、次の2つです。

①家計の収支をコントロールして必要な額を貯蓄し、適切に保管する。
②働けなくなる、自動車事故、家の火災などで、人生が途中で終わるリスクに備える。

老後ステージでやるべきことは、次の2つです。

①資産が枯渇しないように、計画的に取り崩す。
②次世代に資産と想いを繋ぐ（相続する）。

とてもシンプルなことですが、人はどうしても短期的な目線で考えてしまうので、長期的な目線で家計管理をするのは意外に難しいです。長期的な目線で今どの選択をするのが、夫婦としてベストなのか考えていきましょう。

うまくいかない夫婦は、「医療保険」にお金を使う
うまくいく夫婦は、「健康診断」にお金を使う

問題が起きたあとのお金を準備するのではなく、
問題を予防するためにお金を使う

私のメインのお客様は、一般的な収入の夫婦ですが、1億円以上のお金を持たれている富裕層の相談もあります。そのような人には、健康にかなり気を付けているという共通点があることに気づきました。

「富裕層だから、健康にお金をまわせるのでは？」と思う人もいるかもしれませんが、逆です。お金があるから健康に投資しているのではなく、**健康に投資をしているからお金がある**のです。健康であれば、仕事のパフォーマンスが上がり、収入が増えます。医療費が少なくてすみます。生命保険が安く契約できます。

今思うと、私も健康にお金を使い始めてお金が貯まるようになりました。以前は、年に5、6回風邪をひき、長引いて仕事に影響がでていました。しかし、今ではほとんど風邪をひかなくなり、なったとしても長引かないので、医療費も少なく、仕事の時間も確保できています。

家計がうまくいく夫婦は、病気の備えのために、医療保険をあてにしていません。病気になったときのお金を準備するのではなく、日々の食生活、運動、健康診断、歯の定期健診など、病気を予防するためにお金を使っています。

自動車保険をあてにしていません。ドライブレコーダーを設置し、眠くなりかけたときに教えてもらう、体調が悪いときはタクシーを使うなど、事故を防ぐためにお金を使っています。

問題が起きたあとのお金を準備するのではなく、問題を予防するためにお金を使うことが、長期的に考えるとお金がかからず、心も体も穏やかに生活できることを知っているのです。

うまくいかない夫婦は、「将来を予測」する
うまくいく夫婦は、「悪いほうを想定」する

これから金利は上がる？　下がる？

２０２４年にマイナス金利が解除され、住宅ローンを変動金利で借りている夫婦がご相談に来られました。「マイナス金利が解除されても、住宅ローンの変動金利は上がらないので問題ない！」「変動金利は３％くらいまでは上がる可能性があるので、今固定金利に変えたほうがいい！」。ネットを見ると、さまざまな意見が飛び交っており、不安になったようです。

その夫婦は「これから住宅ローンの金利が上がるのですか？　このまま低いままなのですか？」と質問されました。「金利の動向は誰にもわかりません。金利が上がるか、下がるかを予測することは、ギャンブルをしているのと同じです。ギャンブルに負ければ、家

を失う可能性があります。ギャンブルがしたいのですか？」とお聞きすると、そうではないと答えられました。

ここで重要なのは、**予測をするのではなく、悪いほうを想定して準備する**ことです。一番に考えないといけないことは、より有利な金利の支払いができるように、金利を予測するのではなく、住宅ローンの支払いができなくなり、家族の住まいを失うという事態を避けることです。

では、金利が上昇することへの対策をどのように準備できるのでしょうか？　2つの方法をご紹介します。

①金利変動リスクを銀行に負ってもらう

一番簡単な方法は、**固定金利に切り替え、金利変動のリスクを銀行に負ってもらう**ことです。固定金利と変動金利の毎月の返済額の差は、金利変動のリスクに対する保険料です。

将来の金利はわからないので、どちらに転んでも生活できるように、金利は高くなりますが、全期間を固定金利にしておくのは選択肢の1つになります。

また、**利息が多い最初だけ固定金利で備える**考え方もあります。最初の約10年で、総利息の約半分の支払いになるので、住宅ローンを組んで最初のほうで金利が変わると大きなダメージになってしまいます。残債が少なくなれば金利が上がっても影響が少なくなるので、当初10～20年間の固定金利を利用するのも選択肢です。

②金利が上がったら、繰り上げ返済できる準備をしておく

住宅ローンの利息は「元本×金利」なので、元本を減らせれば、金利が上がっても利息は少なくできます。変動金利で借りていて、金利が上がっても全額返済できるお金があれば、まったく問題ありません。

金利が上がって困る人は、金利の変動を受け入れるしかない人です。変動金利を選択する場合は、金利が上がったときに備えて、繰り上げ返済できる準備をしておくことは必須です。

10年固定など当初固定期間の変動金利を利用する人は、当初固定期間が終わり、変動金利に切り替わるタイミングまでにある程度のお金を準備しておきましょう。

悪いほうを想定して準備する

ネットをみると「金利が上がるか？　下がるか？」の他にも、「円高になるか？　円安になるか？」「株が上がるか？　下がるか？」など、さまざまな予測がされていますが、**予測は当たるか、外れるか、誰にもわかりません。**

日本に住む日本人が、円安と円高のどちらが、家計にダメージがあるかというと、円安です。日本は、海外からの輸入に頼っているので、円安になると、輸入品の物価が上がります。10ドルのアメリカ産のお肉は、1ドル＝100円のときは1000円ですが、1ドル＝150円になると1500円になります。

円安になると困るのであれば、円安の対策を準備する。ドル資産を持っておくことです。先ほどのお肉でも、10ドル持っていれば、1ドル100円から150円へ円安が進んでも、お肉を買うことができます。もちろん、円高になると損をしてしまいますが、輸入品も安くなる傾向があるので、生活へのダメージは円安よりは少なくなります。

将来を予測するのではなく、悪いほうを想定して準備しましょう。

うまくいかない夫婦は、無料に「つられる」
うまくいく夫婦は、無料を「警戒する」

ライフプランを誰に相談するかで1億円変わる

「住宅会社さんと提携している保険会社のAさんと、今加入している保険会社のBさんに、無料のライフプランを依頼しました。将来のお金の流れを見える化して、住宅にどれくらいお金を使えるかを判断したかったのですが、シミュレーション結果に差があります。なぜなのでしょうか？」住宅の購入を検討している夫婦がご相談に来られました。

Aさんのライフプランでは、家に6000万円使っても問題ない、Bさんのライフプランでは、家は4000万円におさえたほうがよいということでした。2000万円もの差があります。

そして、Aさんも、Bさんも、「家を購入するのであれば、保険の見直しが必要ですね」

という感じで、いつのまにか保険の話になっていったようです。Aさんからは、保険は掛け捨てで安く、夫婦で月1万円に抑えることができると言われ、Bさんからは、家にまわすお金をおさえて、保障も貯蓄も兼ねた保険で資産運用をすることをすすめられています。

なぜ、このような違いがでてくるのでしょうか？　それは、Aさん、Bさんのライフプランを作る目的が違うからです。

Aさんのお客様は誰でしょうか？「今回の相談をしている夫婦ではないの？」と思うかもしれませんが、違います。Aさんのお客様は、お客様を紹介してくれる住宅会社です。Aさんのライフプランを作る目的は、**住宅会社さんに喜んでいただき、今後もお客様を紹介してもらう**ことです。夫婦が検討している住宅会社の見積りも見せていただくと、約6000万円という金額がでていました。Aさんが、「5000万円しか家にお金を使えません」と言ったとすると、住宅会社はAさんに顧客を二度と紹介しないでしょう。

Bさんがライフプランを作る目的は、**追加の保険を契約してもらう**ことです。そのため、家にお金をかけすぎると、保険に入る予算がなくなるので、家にかけるお金をおさえて、将来のために保険で貯蓄をしましょうという提案になっています。

実は、ライフプランは前提条件を変えると、営業マンが見せたいデータを見せることができます。毎月5万円変わると、50年で3000万円違ってきます。生活費、給与、年金をどう見込むか、物価上昇率や給与上昇率の条件、資産運用の利回りをどう設定するかなどにより調整できるのです。

あるライフプランソフト会社の調査によると、ライフプランソフトの前提条件だけで1億円も差が出ることもあるようです。

目に見える「コスト」・目に見えない「コスト」

銀行、保険会社、証券会社などでお金の相談が無料でできる理由は、商品を販売したときに手数料を得ることができるからです。手数料は目に見えない「コスト」です。相談業務には当然、人件費、広告費、店舗費など、さまざまな費用がかかります。相談料や商品の販売手数料で、その費用以上の利益を出す必要があります。

本来はお客様のゴール（理想の生活）に向けて、最適な商品やサービスをお客様に合わせて提案していくことが重要だと思うのですが、**販売して手数料がある商品をゴール**

にどうあてはめていくか、まったく逆の切り口で考えている場合もあります。

貯蓄保険よりＮＩＳＡを選んでもらうため、ＮＩＳＡより不動産を選んでもらうためなど、販売者が扱っている商品やサービスを買ってもらうための提案になってしまっています。ビジネスとして継続していくためには仕方がないことかもしれませんが、それでいいのでしょうか？

家計を見ると、お客様が買っているものは、**お客様に利益があるものではなく、販売者に利益があるものが多い**印象です。販売者が売りたいものを買ってしまっています。

同じ内容ならコストが安いほうがいいと思いますが、コストゼロで質の高いサービスを受けるのは難しいです。その場合、目に見えないコストがあると考えたほうがいいでしょう。

「コスト＝悪」なのではなく、そのコストを誰に、何をしてもらうために支払うのかを理解し、費用対効果で判断することが大切です。コストに見合ったことをしてくれるのかを判断しましょう。

うまくいかない夫婦は、専門家の「言いなりになる」
うまくいく夫婦は、専門家を「使いこなす」

「ぼったくられない」ための2ステップ

決して無料相談が悪いと言っているわけではありません。お金の専門家をどう見極め、活用していくのか、**誰と一緒に実践するか**が重要です。専門家を見極め、使いこなすことができるかで人生が大きく変わります。

お金の相談をするときは、次の2ステップで実践しましょう。これをせずに、相談してしまうと、結局、割高な商品や必要のない商品を買ってしまい、**相談は無料でもトータルで損**をしてしまいます。

ステップ① 相談する専門家を見極める
ステップ② 専門家を使いこなす

ケーキやお肉につられるな！

ケーキがでるからマネーセミナーに参加してみようかな、高級なお肉がもらえるから無料相談に応募してみようかなとなっていませんか？

まず、大前提として、ケーキやお肉がないとお客様を集められない人には相談しないほうがいいでしょう。専門家に実力があり、相談したお客様が満足していれば、自然と紹介ができます。ケーキやお肉にお金を使う必要はなく、自分の実力を高めるためにお金を使うことができ、さらにお客様が満足し、紹介ができます。

専門家を探す方法は、実際そのサービスを受けていて、満足している信頼できる人からの紹介がベストです。

そのうえで、ステップ①の「相談する専門家を見極める」方法は次の3つです。家計がうまくいく夫婦は、知り合いだから、信頼している友人からの紹介だからという理由だけではなく、誰から学ぶかにこだわっています。

①提案している商品を買っているか聞く

本当にいいと思っているのであれば、自分でやっているはずです。商品やサービスを提案されたら、「あなたもされていますか？」と聞きましょう。専門家とあなたの状況が違うので買っていないこともありますが、1つの目安にできます。

②収入源を確認する

「どうやって収入を得ているのですか？」の質問で、専門家の収入源を確認して、**専門家の収入源に極端に誘導されていないか**注意しましょう。

専門家がお金の相談をうけるときの主な収入源は、次の3つです。

- 相談料
- 金融商品（保険や証券など）や不動産を販売することによる手数料
- 不動産や住宅ローン、税理士など、自社以外のサービスへの紹介料

③「人」を見る

では、商品を売らず、有料で相談してくれる人がいいのでしょうか？ 商品を売っていたらダメなのか？ そんなことはありません。無料相談でも、無料の価値を超えて、信頼

ある対応をしてくれる人もいます。

最終的な判断は、「人」です。本当にあなたのためにアドバイスをしてくれるのか、しっかりその人を見て判断しましょう。「この人、自分のノルマのために売ろうとしているな」と思ったらやめたほうがいいです。たいてい当たっています。「この人、私のこと真剣に考えてくれているな」と思った人に相談しましょう。

人生の変化に対応して生涯にわたってアドバイスやフォローをしてもらいたい、そんな思いになる専門家に出会えるといいですね。

専門家にあやつられるな！

ステップ②の「専門家を使いこなす」ときに重要なポイントは次の3点です。

①最低限の知識を学んでおく

相談者と専門家の知識にギャップがありすぎると、**その専門家がきちんとしたことを言っているのか判断ができず、だまされる確率が高くなります。**

相談する前に最低限の知識を学んでおきましょう。ネット、YouTubeなどの選択肢もありますが、おすすめは体系的に順序だてて学べる本です。相談したい分野の本を2、3冊読めば、最低限の知識は十分に得られます。

②おすすめ商品ではなく、判断基準と選択肢を教えてもらう

専門家がいいと言っている商品が、あなたにとって最適とは限りません。なぜなら、家族構成、年齢、価値観、気持ちが違うからです。いきなり、商品をおすすめする専門家には気をつけてください。

気づいていないことに気づかせてくれ、商品を選択する判断基準を教えてもらい、複数の選択肢の中から自分で決めることを後押ししてもらうために専門家を活用しましょう。専門家のおすすめで買ってはいけません。アドバイスを聞いて失敗しても、責任をとってくれません。自分できちんと判断することが大切です。

③「対等な関係」＝「パートナー」と考える

家を建てるとき、庭を作るとき、事業を始めるとき、何か大きな決断をするとき、私はその分野の本を数冊読んで専門家に相談をします。その後、専門家に相談しながら、実践していくのですが、そのときに気をつけているのは、**「対等な関係」＝「パートナー」**

だと考えることです。

お客様は専門家にお金を支払い、専門家はお客様へ価値を提供する、お互い対等な立場です。この**対等な立場を理解できないと、良い関係を築けない**のは目に見えていますね。

うまくいかない夫婦は、感情で「行動」する うまくいく夫婦は、感情を「意識」する

人の「感情」で、家計がうまくいかなくなる

家計管理は、なぜうまくいかない人が多いのでしょうか？　私は、「人の感情」が大きく関わるからだと考えています。**人は「論理」ではなく、「感情」で動く**という心理法則があります。人は、感情で行動したあと、正しい行動をしたと自分自身を納得させ、正当化しています。

普通に何も考えずにやると、感情で行動してしまい、うまくいかないようになっています。しかも、1人ではなく、夫婦の感情が関わることがより難しくしています。

感情が、家計に影響を与えていることを知って、感情による行動パターンを意識することが第一歩です。知らない間に感情で行動して、失敗しないようにしましょう！　ここでは、よくある6つの行動パターンをお伝えします。

1 パーキンソンの法則　支出の額は収入の額までふくれる

「あれ？　収入が上がったのに、貯蓄できていない……、なんで？」こんな経験はありませんか？

私自身、子どもが小さいときに実感しました。共働きをしており、支出はそんなにかからない時期だったので、数十万円する英語教材や数万円する衣類、健康食品などを、本当に必要かどうかを考えず購入していたのです。

世帯年収が多くても貯蓄ができていない原因は、収入が上がると支出も上がっているからです。**一度上がった生活レベルを落とすのは難しい**ので注意しましょう。

❷確証バイアス　ネガティブな情報に注目しない

以前、金《きん》に投資をされているご相談者がいました。人は否定されるのが嫌なので、**意識しないとなかなかネガティブな情報に注目できません。**自分の行動が正しいことを確認するため、「金に対してポジティブな情報ばかりをどうしても見てしまう」と言われていました。

お金の情報を調べるとき、自分の考えに近い情報ばかり見てしまっていませんか？　自分の考えを正当化するために、それを裏付ける情報ばかり探していませんか？

ネットを見ると、自分が好きなことが上位に表示されます。そのため、偏った情報にしか触れられなくなります。自分の考えと反対の情報を意識して調べてみましょう。

❸現状維持バイアス　得する可能性があっても現状維持を選択する

「携帯の見直しで得するとわかっていても、手続きするのがめんどくさい……」

「生命保険に入りすぎているのはわかっているが、めんどくさいから今のまま……」
「NISAやiDeCoに興味はあるが、よくわからないので何もできていない……」

このような感じで、**行動するストレスを考え、現状維持を選択していませんか？**

人は、何かを変えることで得する可能性があっても、その変化にともなうストレスを考え、現状維持を選択してしまいます。

今、少しの時間や費用をかけて行動すれば、将来の困難や後悔から解放されます。老後や教育費に困ってから頑張るよりは、今頑張るほうがやれることも多く、格段に楽です。

意外と想像していたよりも、めんどくさくないことが多いですよ！

4 決定回避の法則　選択肢が多いと決定を回避してしまう

以前、私はまさにこの「決定回避の法則」におちいっていました。日本には保険会社が約40社あり、どの保険会社のどの商品がいいのか、選択肢が多すぎて決めることができませんでした。「誰か正解を教えて〜」と正直、誰かに決めてもらったほうが楽なのにと感じていました。

保険・資産運用・家など、お金に関する決断は、選択肢が多いので考えるのが嫌になりますよね。人は選択肢が多くなりすぎると、選択にともなうストレスを感じ始め、結果として決定を回避してしまいます。

当時の私は、ノウハウばかりを集め、情報に振り回されていました。しかし、お金の勉強をしたことで、自分自身に判断基準ができ、選択肢が少なくなったのでストレスなく決断ができるようになりました。

たとえば、生命保険だと、貯蓄保険は不要という判断基準があれば、貯蓄保険の情報は見る必要はなく、掛け捨て保険の情報だけ調べればいいです。

お金の基礎知識を学び、必要があれば専門家を活用して、選択肢を少なくすることで決断しやすくしましょう。

5 サンクコスト効果 戻ってこないコストに気をとられる

資産運用を学んだあと、貯蓄保険をどうするかを考えるときに、この「サンクコスト効果」におちいってしまいます。きちんと資産運用を学ばれた人は、貯蓄保険より、iDeCoやNISAを活用するほうが合理的だと考えられます（詳しくは第5章でお伝えします）。しかし、貯蓄保険は、契約時にたくさんの手数料を支払っているので、途中で解約すると元本割れしてしまう状況におちいります。

9割以上の人は損失を確定したくないので、そのまま継続することを選択します。しかし、**契約時に支払っている手数料は、もう戻ってきません。**今契約している商品が、長期的にメリットがないとわかっているが、今解約すると損する場合、損失を受け入れる決断をするのは難しいです。

人はすでに支払い済みで戻ってこないコストに気をとられ、合理的な判断ができなくなり、さらに損失を拡大してしまいます。しかし、これまでの失敗を考えるのではなく、**今、現段階でどうすれば合理的なのか、長期目線で考えて判断**していきましょう。

6 プロスペクト理論　人は損をすることを回避する心理が強い

人は10万円得する喜びと、10万円損する悲しみを比べると、損をする悲しみのほうが、得する喜びの約2倍気持ちの揺れが大きくなるそうです。人は損をすることを回避する心理が強くなります。

絶対に損したくないので、投資ではなく預金を選びます。元本保証でリターンも多いという詐欺に引っかかります。

しかし、リスクとリターンは同じ大きさになることに気をつけないといけません。大きなリターンを得るためには、大きなリスクをとる必要があります。ハイリスク、ハイリターンです。リスクをとりたくなければ、リターンは少なくなります。ローリスク・ローリターンです。ローリスク・ハイリターンは存在しません。

預金にしがみついていると、インフレに負けてお金の価値がたもてません（詳しくは第5章でお伝えします）。投資詐欺にひっかかり、お金を失ってしまいます。

大切なのは、**リスクを回避するのではなく、自分自身がどこまでリスクをとれるか把握すること**です。過度に損を回避するのではなく、適切なリスクを受け入れ、実践していきましょう。

うまくいかない夫婦は、「1人」で考える
うまくいく夫婦は、「夫婦」で考える

夫婦生活のストレスは家事・育児＜お金・家計

ソニー銀行株式会社が2023年に実施した「パートナーとのお金事情に関する調査」によると、夫婦生活においてストレスを感じること第1位は「お金・家計」、第2位は「家事」、第3位は「育児」となっています。**夫婦生活でストレスを感じるのは、家事・育児よりもお金・家計**ということです。

また、お金・家計にストレスを感じていない人のうち、「夫婦仲が良好だと思う」と回答した人は88・8％と約9割にもおよびます。まさに、**「お金」が家族の暮らしの充実度に大きく影響しています。**

私自身、家計を整えて、家族の暮らしの充実度が大きく変化しました。お金が貯められ

て、心の余裕が生まれたという理由もあるかもしれませんが、夫婦でお金について話ができたことが一番大きいと感じています。

人生のほとんどの部分でお金が関わってきます。つまり、**お金について考えることは、人生について考えることです。夫婦でお金のことを話せたら、人生について話し合えます。**

私に相談に来られた夫婦は、相談前は会話の９割が事務連絡だったが、相談後は人生についての会話ができるようになり、夫婦円満になったという感想が少なくありません。ほとんどの夫婦の問題は、会話ができるようになると解決します。

夫婦は会社の共同経営者

夫婦でお金の話はなぜしづらいのか？　将来のお金の話をするのはお互いのためなのに、なぜか話しづらいと感じたことはないでしょうか？　夫婦でお金の話ができない理由としては、「ケンカになるので避けている」「相手の機嫌が悪くなってしまう」「任せていると言われていて無関心」などをよく聞きます。

私も昔、妻の機嫌をみて、「今だー!!」と話をしたのを覚えています。夫婦で話をしたほうがいいことはわかっているが、どうすればいいか悩んでいる夫婦は意外に多いです。

これまでお金の話をしてこなかった夫婦が「お金の話をしよう」と言うと、相手は、「私のお金を狙っているのでは?」「お財布を握られるのでは?」「お小遣いを減らされるのでは?」「雑な家計管理がばれてしまう……」と思い、身構えてしまいます。急に言われると、こう感じるのは当然です。

しかし、**幸せな夫婦生活を実現するための土台は、夫婦でお金の話ができるようになること**です。これができないと始まりません。

夫婦は○○家という会社の共同経営者です。共同経営者が会社のお金のことを話し合わず、それぞれ使いたいように使っていたら、会社はどうなるでしょうか? 会社にお金が残らない、最悪の場合、倒産してしまいます。一方、会社の方向性を決め、どのようにお金を管理するかを決めている会社は、前者と比べるとうまくいきそうな気がしませんか?

夫婦も同じです。より理想的な生活を実現するためには、家族の方向性を決め、どのようにお金を管理するか、**夫婦で取り組む**ことが大切です。

うまくいかない夫婦は、「思いつき」で話し合う
うまくいく夫婦は、「10個のコツ」で話し合う

これまで、お金の話がしづらかった夫婦が、実際に実践して効果があった「夫婦で話し合う10個のコツ」をお伝えします。ただ、どんなに話しやすい状況を作っても、言い出しづらい壁はゼロにはなりません。最初の1回は言い出しづらいとは思いますが、しっかり準備をして思い切って想いを伝えてみましょう！

夫婦で話し合うコツ❶　価値観を合わせる必要はない

お金に対する価値観は、その人の生き方、人間性が表れます。夫婦であっても違って当然です。簡単に価値観の違いを受け入れるのは難しいので、価値観を合わせる必要はありません。**価値観の違いを理解し合う**ことが大切です。

相手を否定してどちらが正しいかを決めるのではなく、**お金の価値観は違って当たり前という前提**で、夫婦の意見のいい部分を合わせた「納得解」を探りましょう。

夫婦で話し合うコツ❷ 家族共通の理想の人生を見つける

一番有効な方法は、**「本当に実現したい家族共通の理想の人生を見つけること」**です。私自身は、夫婦にとっての理想の人生を考えたことで、それを実現するために一緒に頑張れるようになりました。

私の妻も、最初の頃はめんどくさいと言っていましたが、今は、率先して家計管理に取り組んでいます。理由を聞いてみると、「家計が変わったことで、今までと収入は変わらないのに、今までより旅行に行ける、貯めたポイントで買い物ができる」など、生活が豊かになっている実感があるからだそうです。

夫婦で話し合うコツ❸ 楽しいことを話すタイミングで

出産、マイホームの購入など、楽しい将来の話をするタイミングで切り出すのが簡単です。「子どもが産まれたらこんな感じに育てたいね！」「マイホームはこんな家を建てたいね！」など、こういった話題は楽しいですよね。

その流れで、「子どもがやりたいことは全部させてあげられるように、一緒に考えてみない？」「理想のマイホームを建てるために、一緒に考えよう！」という感じで切り出してみましょう。

夫婦で話し合うコツ④　できるだけ早く話し合う

「子育てで忙しいから落ち着いてから話し合おう」「バタバタしているから家が完成してから話し合おう」。**結婚生活が進めば進むほど、子育てで時間がとれなくなり、お金の使い方も習慣化してくる**ので、どんどん話しづらくなっていきます。やろうと思った今、できるだけ早く話し合いましょう。

相手に心配をかけたくないから、自分の力だけで解決しようとする人もいます。以前あったご相談で、家族の家計を管理していたご主人が、子どもの習い事のため、数百万円の借金を作ってしまっていた例がありました。

ご主人はプライドが高く、奥様に心配をかけたくないので内緒にしていたようです。奥様はそんな家計になっているとは知らず、普段通り生活をしていたそうです。もし、最初に夫婦で相談していたら、大きな借金を抱える事態は防げたかもしれません。1人で抱え込まず、できるだけ早く話し合いましょう。

夫婦で話し合うコツ5 自分から具体的に伝える

「教育費が足りないからもっと貯蓄したい」「老後資金が不安だから資産運用したい」「お金のことが不安だから一緒に考えてほしい」と言われても、ピンとこないです。

具体的に伝えないと伝わりません。

たとえば、「この前、子どもがオリンピックを目指すために、中学から県外の私立強豪校に入学したいと言ってきて、夫婦で応援しようと決めたよね。もともと地元の公立中高を予定してお金を貯めていたけれど、私立で下宿の費用も含めると、子どもが中学に入学するまでに○○円足りない……。今から中学校の入学までに、毎月○○円貯蓄できるように、家計のどこを調整すればいいか一緒に考えてくれない？」などと、具体的に伝えましょう。

夫婦で話し合うコツ❻ 話す時間を決める

日常の子育てや家事をしているときに急に話しかけられても、集中して話はできません。**本気で話をしようと思っているなら片手間はだめ**です。前もって「家計について話がしたいから、30分の時間をとってほしい。いつがいいかな？」と伝えて、相談する時間を決めましょう。

夫婦で話し合うコツ❼ 話す環境を整える

集中して話ができる環境を整えましょう。**子どもが寝ている時間帯や有給休暇を活用**して話し合っている夫婦もいます。

また、私自身、面と向かって話すとお互い身構えてしまい、うまくいかないことが多かったです。横並びで話をするように変えてから、楽しい雰囲気で話ができるようになったので、相手との位置も大切です。

夫婦で話し合うコツ❽ まずは感謝の気持ちを伝える

専業主婦（夫）の家庭の場合、お金の話を切り出すと、「毎日毎日仕事に行って、どれだけ大変な思いをしてお金を稼いでいるかわかってる？　家にいる時間が長いのだから、育児やお金の管理はきちんとやってよ」「家事を1人でする大変さわかってる？　やってみてよ」と言い合いになることがあります。

冷静に考えればどちらか一方が欠けてしまうと生活できないですよね。稼ぐ側は、家事を相手がしてくれているから仕事に集中できている。家事をする側は、相手が頑張って稼いできてくれるから家庭のことに集中できている。考えてみれば当たり前のことなのですが、**感謝の気持ちを忘れてしまっています。**お互いの「ありがとう」の気持ちが大切です。

「家計をやりくりしてくれて、ありがとう」「仕事を頑張ってくれて、ありがとう」など、感謝の気持ちを伝えることから入りましょう。「ありがとう」と言われて悪い気分になる人はいません。

夫婦で話し合うコツ⑨　過去のことを責めない

家計が行き詰まっていることをなかなか言い出せず、勇気を出して相手に相談したときに「なんでこんなになるまで放っておいたの？」「なんでこんなにずさんに管理しているの？」などと**責められるのが嫌で相談できていない**こともあります。

過去は変わりません。びっくりするような内容でも「勇気をだして話してくれてありがとう！　これから一緒に考えていこう！」と話しましょう。

夫婦で話し合うコツ⑩　第三者の手を借りる

私にお金の相談をしていただいた夫婦を見ると、「家計を改善できた」と喜ぶ声よりも、「夫婦でお金について落ち着いて話し合いができた」とほっとする声のほうが多いです。

夫婦2人で話し合いをすると、気をつけていても、どうしてもギクシャクしてしまう場合があります。そんなときは、第三者が入ることで、建設的に話ができる場合もあるので、試しに活用してみるのも選択肢かもしれません。

うまくいかない夫婦は、最初に「方法」を決める
うまくいく夫婦は、最初に「目的地」を決める

家族の幸せロードマップを作ろう

家計を考えるときに、最初にやるべきことは、「家族の幸せロードマップ」を夫婦で作ることです。

なぜ、最初に理想の生活を想像するのか？　2つの理由があります。

①これからどうお金を貯めて、いつ使うかを考えたやり方を選択できる

旅行に行くときに、飛行機で行くことを決めて、その後、飛行機が飛んでいる目的地のなかから旅行先を決めますか？　一般的にはあまりないですよね。先に、旅行の目的地を決めて、その後、移動手段を決めますよね。「車で行ったら安いが、5時間かかる」「飛行機でいくと1時間で着くが、高いよな～」と決めていくと思います。

お金のことを考える場合はどうでしょうか？　「金融機関からおすすめされたから保険に入ろう」「友人がやっているからＮＩＳＡをやろう」となっていませんか？　保険やＮＩＳＡは手段です。人生の目的地に到着するのに、その方法が一番合っているのでしょうか？

人生の目的地を決めたあとに、手段をどうするのかを決めないと、目的地に到着できないかもしれません。到着できたとしても、遠回りになるかもしれません。

理想の生活のイメージから、今と将来のお金のバランスや人生の価値観、優先順位を明確にすることで、**これからどうお金を貯めて、いつ使うかを考えたやり方**を選択できます。

②夫婦で同じ方向を向いて継続できる

心から実現したい理想の生活があれば、やる気がでます。漠然と老後や教育費に備えたいという目的では、モチベーションが上がりにくいです。ぼんやりと「こんな感じで生活したいな〜」では、力が湧いてきません。「できたらいいな〜」くらいの感覚では、後回しにしてしまいます。

心から叶えたい理想の生活を実現するために、現状とのギャップを埋めていくモチベーションが、行動する原動力になります。「家族で旅行に行きたい」「子どもにやりたいことをやらせてあげたい」など、**未来を楽しみにする気持ちが、実践のパワー**になります。磯山家では、年4回の家族旅行に行くことが、家族のモチベーションアップの秘訣となっています。

「家族の幸せロードマップ」作成の2ステップ

では、一緒に「家族の幸せロードマップ」を2ステップで作成していきましょう。ひな形を用意したので、ダウンロードして印刷してください。

ここで重要な点は、**紙に書く**ことです。ハーバード大学の目標設定の研究によると、ハーバード大学の学生のうち、目標を持っていて、紙に書いている学生は3％いました。10年後、これらの卒業生に対して追跡調査をすると、この3％の卒業生は、残りの97％の卒業生と比べると、年収が10倍になっていたそうです。
（参考：「プレジデント・ウーマンのＷＥＢサイト」https://president.jp/articles/-/31824）
話し合うだけではなく、紙に書いて見えるようにしておくことで、理想の生活を実現できます。

ステップ①

横軸に、家族の現在の年齢と子どもが社会人になるときの家族全員の年齢を書きましょう。

ステップ②

縦軸に、イベント（旅行や趣味など）、教育、住宅、仕事について記入し、夫婦でどうしていきたいのか話し合い、書いていきましょう。もちろん、その他のことでも自由に書いて大丈夫です。

作成例

１０１ページの図は、私が35歳のときに作った「家族の幸せロードマップ」です。自己啓発本では、もっと詳しく、深く考えるように書かれていることもありますが、**ざっく**

りで大丈夫です。理想の生活を話し合ったことがある夫婦は10組に1組くらいだと思いますので、夫婦で考える時間が大切だと考えているからです。

たまにこんな夫婦がいます。お金を貯めて、1年後にディズニーランドにいくと書かれています。1年後に聞くと、昨年は家電の購入でお金がかかり、1年後にしますと言われていました。これでは、一生行けません。その夫婦にとって、ディズニーランドに行くのは、心からやりたいことではなく、家族で1回はディズニーランドに行くべきという、あるべき姿です。

こうあるべき家族のイメージではなく、心から求めている家族のイメージを想像してみてください。

書いたことを絶対実現しないといけないわけではありません。途中で変わっても大丈夫です。むしろ変わっていくのが自然です。子どもの進学先が中学校から県外になりそう、子どもが社会人になったら沖縄に移住したいなど、変化があれば、家族の幸せロードマップを見直していきましょう。

今後変わってもいいので、具体的にイメージして、楽しみながら書いてみてください。

「家族の幸せロードマップ」作成例

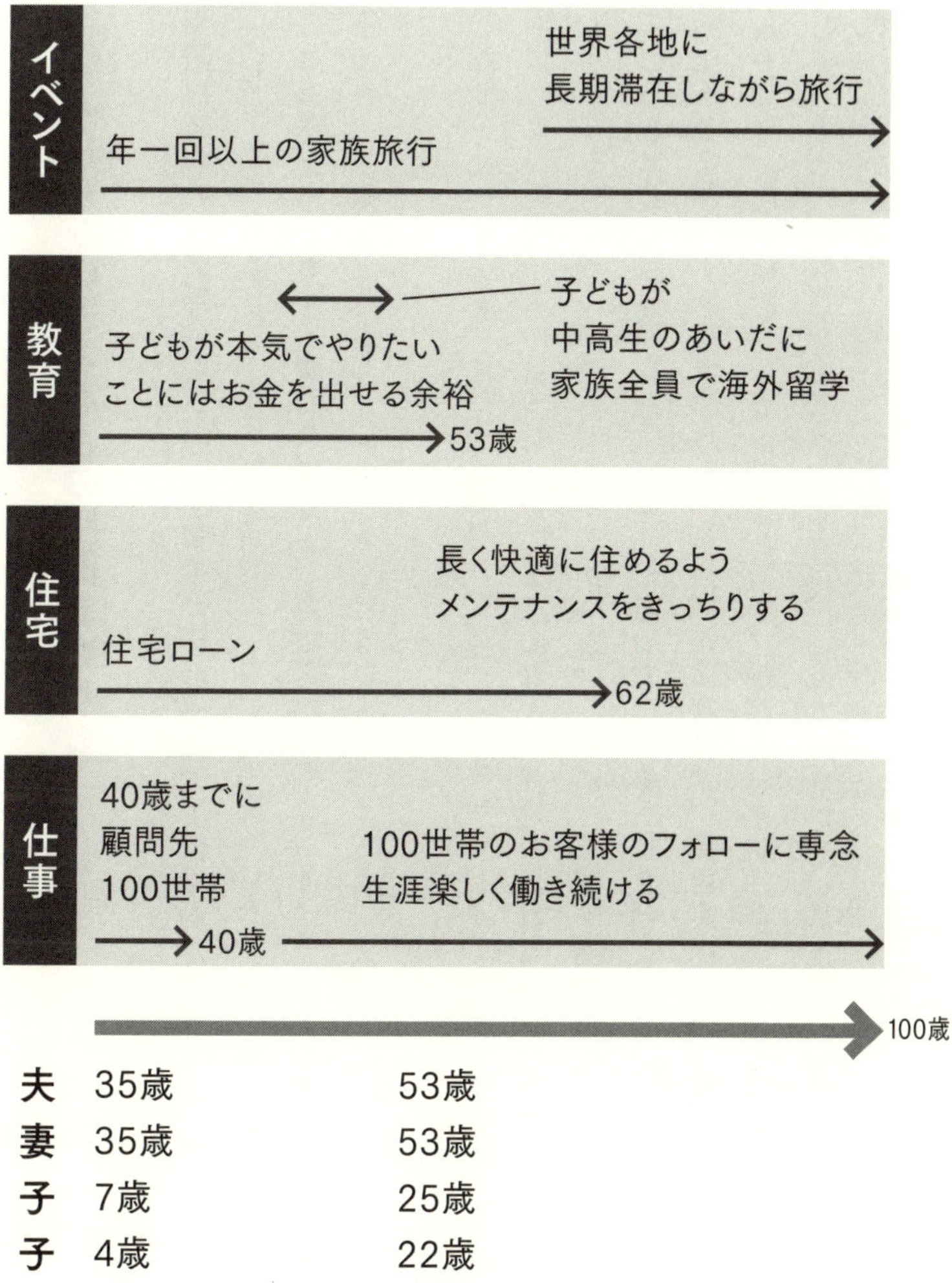
イベント
世界各地に
長期滞在しながら旅行
年一回以上の家族旅行
教育
子どもが
中高生のあいだに
家族全員で海外留学
子どもが本気でやりたい
ことにはお金を出せる余裕
53歳
住宅
長く快適に住めるよう
メンテナンスをきっちりする
住宅ローン
62歳
仕事
40歳までに
顧問先
100世帯
100世帯のお客様のフォローに専念
生涯楽しく働き続ける
40歳
100歳
夫　35歳　53歳
妻　35歳　53歳
子　7歳　25歳
子　4歳　22歳

コラム　今しかない子どもとの時間を楽しむ

ご相談に来られる夫婦のなかで、子育てが終わったあとの後悔は何が多いと思いますか？　「お金をもっと貯めておけばよかった」という夫婦もいらっしゃいますが、一番多いのは**「子どもともっと関わればよかった」**という回答です。子どもが独立して初めて、子どもとの関わりが当たり前のことではないと気づくそうです。

その話をしているとき、「磯山さんは、十分子どもと一緒に過ごしているから、そんな後悔はしないと思っているでしょ!?」と心のなかを見透かされたような感じで言われたことがあります。その夫婦も、子どもが小さいときに、先輩夫婦から同じことを言われ、そのときはそんな後悔なんてしないと思っていたそうです。

そんな私ですが、すでに後悔していることがあります。長男が小さいとき、子育ては妻にまかせて、仕事ばかりしていたことです。稼がないといけないから仕方ないと言い訳をしていました。次男が生まれたときは、こんなにかわいい瞬間を仕事を言い訳にして、関われなかったことをすごく後悔しました。

私は、子どもから「抱っこして！」と言われたら、どんなに忙しくても、抱っこするようにしています。子どもを抱っこするのは、小学校中学年くらいまでと言われているので、抱っこできる時間は今しかありません。最近は、「抱っこして！」と言われなくてもしてしまい、若干うっとうしいと感じられていますが……。

一緒に公園に行ったり、ゲームをしたり、習い事の送迎をするのも、今しかできません。子どもと過ごす今しかない特別な瞬間を楽しみましょう。

家族の「幸せ」にお金を使うことは、想い出という最高の財産になり、家族で過ごす時間をいつも笑いに包んでくれます。

第3章

誰でもできて効果が大きい、お金が貯まるお金の「使い方」

保険、買い物、税金、借金、ポイ活のコツ

お金の使い方は「自分」で判断

世帯年収750万円のうち150万円を貯めて、残り600万円で幸せに日常の生活ができるようにするということは、1か月50万円も使えます。50万円は、税金や社会保険料も含まれていますし、年間でかかるお金も含まれていますので、毎月50万円を使うことができるわけではありません。ただ、「毎月50万円もなにに使っているのだろう?」と思う人もいるのではないでしょうか。

子どもの頃のお小遣いと同じくらい、こだわってお金を使えているでしょうか?

この章で、お金を家族の幸せに集中する「家計の幸適化」を具体的に実践していきましょう。

家計を幸適化するうえで大切なのは、情報を自分で判断できる力をつけることです。**お金に対する「基礎知識」を身につけ、自分に合ったお金の使い方を「自分」で判断できる**ようにしていきましょう。誰でもできて効果が大きい、保険、買い物、税金、借金、ポイ活の5つを幸適化する基礎知識と実践方法をお伝えします。

自分で情報を判断できるようになることが目的なので、専門用語や細かい部分を正確に理解する必要はありません。ざっくり全体的に理解することが大切です。そのため、お伝えするうえで、「正確な言葉より、わかりやすい表現」を重視しています。

また、買い物、ポイ活は、夫婦だけで実践できますが、そのほかは、専門家に相談しながらの実践になる場合もあります。専門家を活用するための最低限知っておくべき基礎知識を学んで、必要に応じて、信頼できる専門家と一緒に実践していってください。

私は、とにかく節約したほうがいいというつもりはありません。お気に入りのアーティストやアイドルを応援する「推し活」は、チケット代、交通費も自腹で、高いお金を払っても貴重な時間を過ごせることで幸せを感じられます。

保険、携帯などは、販売者にお金が入ることが幸せならOKです。税金も、国にお金が入ることが幸せならOKです。ただ、自分や家族など大切な人にお金を使うより、販売者や国にお金が入ることが幸せなのか、一度考えてみましょう。

保険が必要かどうかを決める3つのポイント

保険に正解はない

もし、あなたが1億円もっていたら、亡くなったときに備える保険に入りますか？

一般的な家庭なら、1億円あれば、子どもの教育費には困らないし、残された配偶者の老後資金も十分です。保険は必要ないですよね。

今、家族の収入を支えている世帯主が亡くなったり、働けなくなったりしたときに、お金が足りなくなると家族の人生が終わってしまいます。そうならないように一時的に保険料というコストを支払って、お金を準備する手段が保険です。

そう、保険はお金があれば必要ありません。**家計の状況により、保険の必要性は変わります。**

また、病院に行ったとき、医療費は健康保険があるので3割負担です。高額の医療費がかかったときは高額療養費制度や付加給付制度があります。亡くなったときは遺族年金があり、働けなくなったときは障害年金や傷病手当金があります。介護が必要になったときは介護保険があり、失業したときは雇用保険があります。

これらはすべて保険です。すでにこれだけの保険に入っています。もちろん無料で入っているわけではありません。給与明細を確認してみると、健康保険、厚生年金保険、介護保険、雇用保険などが天引きされています。

これらの公的な制度は、自営業や会社員などの働き方や収入によって内容が違います。また、勤めている会社独自の制度もあります。

公的な制度や勤めている会社の制度によっても、保険の必要性は変わります。

私は保険にお金を使うより、予防にお金を使うほうが良いと考えていますが、予防にお金を使っても病気になることはあります。保険に入っていることで安心して生活できる、病気になったときに入っておけばよかったと後悔したくないなど、**気持ちの部分で安心したい人は保険をお守りのように活用**してもよいかもしれません。

保険に正解はありません。保険が必要かは、家計・制度・気持ちで決めましょう。

保険に入る前に知っておきたい5つのこと

生命保険文化センターが実施した「2024（令和6）年度 生命保険に関する全国実態調査」によると1世帯あたりの年間払込保険料は平均35・3万円となっています。これだけ家計にしめる金額が多いのに、よくわからないので適当に決めている人が多いのではないでしょうか？

そういった人に向けて、保険に入る前にこれだけは絶対知っておいたほうがいい5つのことをお伝えします。これを知らずに保険に入ってはいけません。

1 保険はグレードアップしない

1970年代から1980年代のがんの治療法はほぼ手術だけでした。このときのがん保険は、入院と手術などでお金が出ます。そこから医療が進歩して、1990年代から2000年代になると、手術のほかに、抗がん剤や放射線が治療法として普及してきました。

すると、抗がん剤や放射線治療にも対応できる保険に変わっていきました。そして、現在は自由診療にも対応できる保険が登場しています。

治療が進化すれば、保険商品はそれに合わせて進化していきます。しかし、個々の**保険の条件は、契約時に決まっているので、治療が進化しても保障の内容は変わりません。**

また、**保険はインフレに対応できません。**亡くなったときに備えて、家族への生活費として毎月20万円の保険金を渡すことができる保険に加入したとします。その後、物価が上昇し、毎月30万円必要になっても、保険金はもちろん変わらず毎月20万円です。保険はグレードアップしません。**一度契約して終わりではなく、必要なときに使えるようにメンテナンスをしていく**ことは必須です。

② 保険で元はとれない

Aさん、Bさん、Cさん、Dさんが医療保険に入りました。その後、Aさんが病気になり、給付金がもらえました。A〜Dさんがこれまで支払ってきた保険料は保険会社にありますが、そこから保険会社の利益を引いた額が返ってくる計算がされています。

Aさんは「すごく得した！」と言っていますが、B〜Dさんは損をしています。基本的にはこういった仕組みになっている以上、不利な賭けになってしまいます。

「がんに1回でもなって給付金をもらえれば元がとれる」など、元をとることが保険に入る目的になっていませんか？　保険の仕組みから考えると、**確率的には元を取るのは不可能**です。

保険を使ってはいけないということではありません。たくさんの人から少しずつお金を集めて、大変な人にお金を支払っていくシステムは必要です。不利な賭けになることを知っていて、それでも必要な人は活用しましょう。

3 保険では病気やケガを治せない

保険はお金を準備する手段です。「そんなの当たり前だよね？」という声が聞こえてきそうですが、見落としがちな点になります。

がんの5年生存率をみると、ステージ1の軽い状態でがんが見つかると生存率が高く、ステージ４の重い状態でがんが見つかると生存率が低い。つまり、がんは早期発見、早期治療が大切です。医療保険やがん保険に入れば、がんになると、お金がもらえます。しかし、がんが治るかどうかは早期発見、早期治療が重要です。

保険は、お金を準備する手段です。保険では、病気やケガを治せません。なので私は、医療保険にお金を使わず、病気を予防するためにお金を使います。

４ 比較すれば半額になるかも

保険の見直しのご相談にこられた30代の夫婦がいました。そのご主人は、亡くなる場合に備えて、奥様と子どもの生活費や教育費を準備するために、毎月20万円を55歳まで用意できる「収入保障保険」という死亡保険に入っていました。32歳で亡くなった場合は、毎月20万円が23年支払われるので、総額５５２０万円の保険金になります。それに対して保険料は、掛け捨てで月４４２０円、23年間で約１２２万円になります。

保険会社を比較すると、ほぼ同じ内容で、保険料が４４２０円から約２４００円に下がり、毎月約２０００円、23年間で総額約55万円も変わりました。この理由は、**保険会社は、年齢、性別、健康状態、喫煙の有無、分野などにより、得意分野と不得意分野があるからです。**保険会社を比較するだけで、半額になることもあります。

ただし、安ければ安いほどいいわけではありません。

がんと診断されれば１００万円の一時金がもらえる保険があります。では、同じ１００万円がもらえるなら、保険料が安いものがいいのか？　安さだけで選んではダメです。なぜなら、１００万円がもらえる条件が違うからです。

対象となるがんの状態は、がんなのか、上皮内がんなのか？

治療対象の条件は、入院なのか、通院でもいいのか、経過観察でもいいのか？

もらえる回数は、１回だけなのか、１年に１回なのか、２年に１回なのか？

このように、保険は一定の条件になるとお金が出る契約なので、この条件をしっかり確認しましょう。**保険は、安ければいいものではありません。大変なときに役に立つ、自分に合った条件の保険を選択する**ことが大切です。

5 保険は必要なときに、必要な額を

宝くじを当てたことで、金銭感覚が狂い、不幸になる人がいると聞いたことがあります。身に余るお金を受け取ると、かえって不幸になる可能性があります。保険金も同じです。多すぎる保険金は、大切な人の人生を狂わすかもしれません。

逆に、ネットの「保険は不要だ」という情報を見て、「保険は無駄なので全部解約した」という人も見かけます。本当に保険はゼロで大丈夫なのでしょうか？

保険で準備するお金は、**必要なときに、必要な額**を設定しましょう。

保険で備えるべきなのはどういう部分か

では、どこを保険で備えるのか、とてもシンプルです。次ページの図の４つの区分で考えていきましょう。縦軸は発生する確率、横軸は発生したときのコストです。

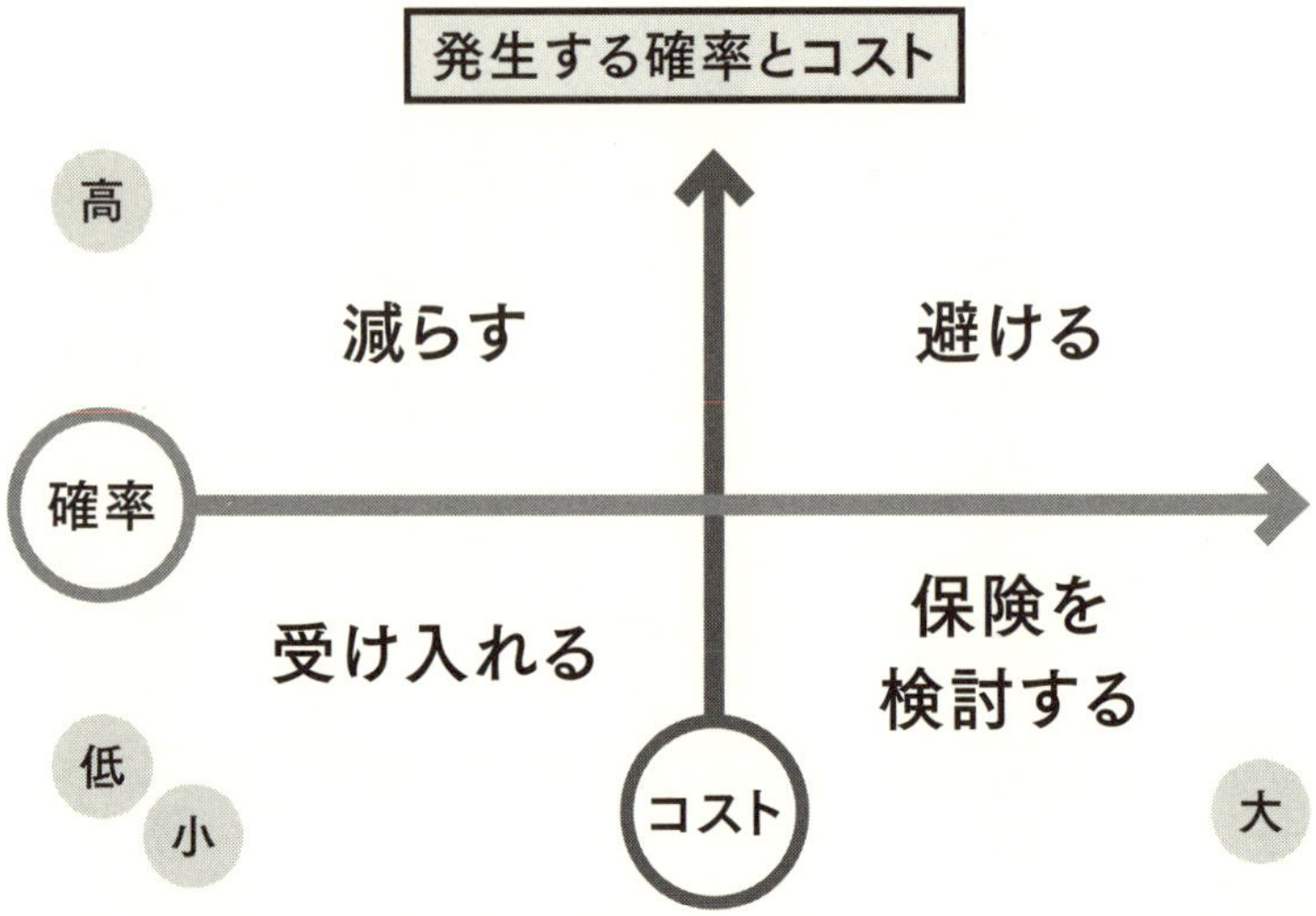

避ける（右上）

家の近くの山が噴火する可能性が高いという予報がでたとします。噴火すると家がなくなってしまうし、命の危険もあるので、引っ越しますよね。つまり、**確率も、起こったときのコストも大きい場合は、リスクを避ける選択が有効**です。

水災や地震が起きやすいので、火災保険や地震保険で備えると考えるだけではなく、自然災害が起きにくい場所に引っ越して、リスクを避けましょう。

減らす（左上）

風邪をひいて病院に行っても、医療費は3割負担なので数千円ですみます。対策としては、手洗い、うがい、睡眠などの体調管理をして、風邪にならないようにすると思います。つまり、**確率は高いが、起こったときのコストが小さい場合は、リスクを減らす選択が有効**です。医療保険やがん保険はここにあたります。

受け入れる（左下）

たまにはずれる天気予報に備えて、傘を毎日持っていくかというと、そうはしませんよね。急な雨が降ったときは、雨が止むまで少し待つか、急いでいるときは数百円で傘を買うと思います。つまり、**確率も低く、起こったときのコストも小さい場合は、リスクを受け入れる選択が有効**です。

保険を検討する（右下）

自転車に乗っていて、人をひいてしまい、怪我をさせてしまった場合、1億円を超える損害賠償を支払う可能性があります。めったに起こらないことですが、起こる可能性はあります。保険に入っていれば1億円請求されたとしても、保険から支払うことができます。

つまり、保険の仕組みを考えると、**確率は低いが、起こったときに大きなコストがかかり、人生が終わってしまうことに保険を活用するのが有効**です。

検討すべき保険は5つのみ

検討すべき保険＝入るべき保険ではない

確率は低いが、起こったときに大きなコストがかかる部分に保険を活用することを考えると、検討すべき保険は次の5つだけです。

・治療の選択肢を増やすための「医療保険・がん保険」
・残された家族の生活を守る「死亡保険」
・家族の生活を守る「働けなくなったときに備える保険」
・思いもよらない賠償から家族を守る「賠償に備える保険」
・家族の住まいを守る「火災保険」

検討すべき保険であって、必ず入るべきだというわけではありません。**リスクに備える方法は、保険以外にもあります。**たとえば、働けなくなるときに備える場合、働けなくなってもお金が生まれる資産を作る、多少の障害状態でも働くことができる会社に転職するなどがあります。

家計、制度、気持ちを考えて、必要があれば保険を活用して人生が終わるリスクに備えておきましょう。

治療の選択肢を増やすための「医療保険・がん保険」

ひと月に医療費がどれだけかかっても、公的医療保険の対象の治療であれば、高額療養費制度で上限が決まっています。その上限の金額は標準報酬月額で決まります。ざっくりお伝えすると月収のイメージです。標準報酬月額が28万円から50万円の人は、**医療費が１００万円かかっても、ひと月あたりの上限は約９万円**です。

会社の健康保険の制度によっては、高額療養費制度よりさらに保障が充実している「付加給付制度」を利用でき、ひと月の医療費の上限が２万５０００円の支払いですむ場合もあります。**付加給付は最強の医療保険**です。健康保険組合によって内容が異なるので、ご自身の健康保険組合のHPを確認してみましょう。
ただし、高額療養費、付加給付は、公的医療保険の対象の治療を行ったときに利用できる制度です。治療費には、公的医療保険の対象外で全額自己負担になるものがあります。

部屋代や食事、交通費などの雑費は、公的医療保険の対象外なので、雑費のために保険に入っている人もいるかもしれません。しかし、いつ起こるかわからない将来の入院に備えて、部屋をアップグレードするために、保険料を支払うのはおかしいですよね。**差額ベッド代は必ずかかるお金ではないし、食事、交通費など、雑費は普段の生活でもかかるお金なので、保険で備える必要はありません。**

先進医療や自由診療も公的医療保険の対象外です。先進医療は、公的医療保険の対象にするかを評価する段階にある治療や手術です。現在、先進医療のなかで高額な治療費がかかるものは、重粒子線や陽子線治療で約300万円の費用がかかります。自由診療は、公的医療保険の対象外で自費で受ける診療です。海外では承認されているが、日本では未承認の治療などです。

治療の基本は、公的医療保険が適用される標準治療なので、先進医療も自由診療も使う可能性は低いです。そのため、民間保険で補おうとすると、保険料は数百円程度で安くすみます。**先進医療や自由診療は、使う確率は低いが、起こったときに大きなコストになるので、このリスクをカバーしたいのであれば、保険の仕組みを検討することが有効**です。

医療費は、保険ではなく、貯蓄で備えるのが基本です。ただし、治療の選択肢を増やすために、先進医療や自由診療を利用するかもしれないリスクをカバーしたい場合は、民間保険を検討しましょう。

残された家族の生活を守る「死亡保険」

亡くなった場合に備える保険として、すでに入っている公的保険は遺族年金があります。遺族年金で保障額が足りない場合は、民間保険を検討しましょう。

子育て世代は、収入保障保険が最適です。この保険は、たとえば、30歳から60歳まで毎月10万円の保険金を受け取れるようなイメージです。30歳で亡くなったら、10万円が30年受け取れるので、総額3600万円になります。40歳で亡くなったら、10万円が20年受け取れるので、総額２４００万円になります。

35歳のとき2歳と5歳の子どもがいる場合、大学を卒業するまで20年間の生活費、教育費がかかり、大きなお金が必要になります。しかし、45歳になると子どもは12歳と15歳になり、生活費、教育費は、残り10年間分だけ必要になります。つまり、**通常は、時間がたてば必要な保障額は減っていくので、これを自動的にしてくれる、子育て世代に最適な保険**です。

家族の生活を守る「働けなくなったときに備える保険」

働けなくなったとき、どうなるのか？　収入はなくなっても、生活費はそのままかかります。介護の費用が追加でかかることもあります。亡くなったときより大変な状況になる可能性があります。

働けないリスクを考えるうえで、すでに入っている公的保険をざっくり知っておきましょう。

病気やケガで休んだ場合、まず有給休暇が使えます。その後、傷病手当金が活用できます。傷病手当金は、業務外の理由による病気やケガで仕事に就くことができなくなり、連続する3日間を含む4日以上、会社を休んだとき、これまでの収入の約3分の2が、最長1年半支給される制度です。

障害年金は、所定の障害状態に該当したときに、障害の程度に応じた年金が支給される制度です。障害が重い順に1、2、3級に区分されており、受け取れる金額は等級によって異なります。

収入があるから生活できているのであり、収入が途絶えたとき、下がったときにどう対処するか、きちんと話をしておきましょう。特に、自営業の人は、傷病手当金、障害厚生年金がないので注意が必要です。

思いもよらない賠償から家族を守る「賠償に備える保険」

他人にケガをさせた、他人のモノを壊したなど、日常の生活で他人に損害を与え、法律上の損害賠償責任をおった場合の補償に備えられるのが、個人賠償責任保険です。

2008年に神戸で小学5年生の男の子が自転車で60代女性に衝突し、意識不明の重体となった事故では、約9500万円の賠償の支払いが命じられました。相当な資産家でないとお金が準備できず、人生が終わってしまいます。

個人賠償責任保険は、火災保険や自動車保険や共済に付帯している特約で加入することができます。家族で1人、この保険に加入しておけば、「同居の家族」や「別居の未婚の子」や「ペット」までも補償範囲になり、**家族全員が補償**されます。月数百円で人生が終わるかもしれないリスクに対応できます。

また、車を運転する人は、**自動車事故で相手が亡くなる、後遺障害になった場合などに、相手に対する賠償額が大きなもの**になります。気をつけて運転をしていても、事故は思いもよらない形でおきてしまいます。

自動車事故で他人にケガをさせたり、死亡させたりした場合の対人賠償責任保険、他人の車や建物など、モノに損害を与えてしまった場合の対物賠償責任保険は、**無制限**にしておきましょう。

車両保険は、事故で自分の車が壊れるリスクに備える保険です。利用されることが多いので保険料が高く、車両保険をつけるか、つけないかで保険料が大きく変わります。**確率が高いことは、保険で備えるのには向いていません。**保険を活用するのではなく、車両保険に払う保険料を貯蓄しておきましょう。

家族の住まいを守る「火災保険」

火災保険は、火事になったときにお金がでてくると思っている人もいますが、実は火事だけでなく、さまざまな家のリスクに対応できるようになっています。自然災害が増えているなか、きちんと火災保険について考えておらず、困ったときに必要な額がでない、補償の対象外になっていると大変です。家に住んでいる間はずっと保険料がかかるので、一度きちんと考えることで一生涯の保険料の削減にもなります。

河川の増水で浸水のリスクが高い場所なのに、そのリスクに備えられていない。その逆で、必要ないのに保険料を支払っていることもあります。そうならないために、最初にやるべきは商品の比較ではなく、**ご自身の家の状況を把握するためにハザードマップを確認する**ことです。

補償をどこまでつけるかにより、保険料が変わってくるので、ご自身の家のリスクをもとに必要な補償を見極めていきましょう。

誰でもできる「買い物の8つの習慣」

家計がうまくいく夫婦は、買い物がうまいです。頑張らなくていいように習慣化していいます。これまでお会いした夫婦で、これはいいなと思った「買い物の習慣」をいくつかお伝えします。

いいなと思ったらマネしてみてくださいね。

生産者からできるだけ近くで買う

買い物は、**生産者からできるだけ近くで買うことで、同じモノなのに安く購入できます。**

お米を農家から直接購入する。果物や野菜を直売所で購入する。旅行は比較サイトではなく、直接ホテルのサイトから申し込む。ポイント付与などで中間業者を経由したほうが有利になることもありますが、原則、生産者からできるだけ近くでモノを買っています。

すぐ買わない、1日だけおいて決断する

「すぐやる＝良い」こともありますが、買い物に関しては、常に即決はおすすめしません。すぐやらなければ、頭の中でずっと考えてしまうので、パッと決断するほうが楽です。しかし、「これいいな、買おう」と思いつきで決断して、「なんでこれ買ったんだろう？　もっとよく考えればよかったな……」と後悔した経験はありませんか？

一度頭を整理して決断するために、**1日だけおいて、翌朝も決断が変わらなければ実行**しましょう。決断を先延ばしにし続けるのはよくないので、1日だけというのがポイントです。

あえてまとめ買いをしない

「これだけのモノを買って、たった1万円だった！」。まとめ買いでお得に買えたときは嬉しいですよね。まとめて買ったほうが安くなるので、まとめ買いをしている人もいると思います。

しかし、家計がうまくいく夫婦は、まとめ買いをせず、**必要なときに必要な分だけ購入**しています。その理由は3点あります。

①あったらあった分使ってしまうことを知っている

お酒やお菓子が良い例だと思います。まとめて買って、自分を抑制しながら少しずつ消費できる人は、まとめて買ったほうがお得です。しかし、家の中にあるとどうしても食べたり、飲んだりしてしまった経験はありませんか？　人はあったらあった分使ってしまいます。

②変化に対応できるようにする

2着買えば1着が無料のキャンペーンのお得感を感じて服を買ったが、結局着なかった経験はないですか？ 好みが変わる、体形が変わる。商品も進化して変わります。人もモノも変化するので、変化に対応できるようにしています。

③収納スペースにお金をかけない

食品をまとめ買いするために、2台目の冷蔵庫を購入した。トランクルームを借りて、モノを保管している。収納のスペースには、お金がかかります。モノを保管するスペースが少なくていいなら、収納スペースが小さい家でも快適に住めます。家の購入や賃貸の費用にも影響してきます。

モノを買うときは、「使用料」で考える

ゲームを8000円で買って、4000円で売る。この場合、ゲームを楽しむ「使用料」は4000円です。買う値段だけでなく、買う前に売れる値段（リセールバリュー）を確かめてモノを買っています。必要なモノを、必要な期間だけ利用させてもらう、レンタル・シェアの感覚を常に持っているイメージです。

あなたならどちらを購入しますか？

	購入価格	5年後の売却価格	差額
リセールバリューが高い新車	600万円	500万円	100万円
中古の普通車	100万円	0万円	100万円

車の場合、トヨタのランドクルーザーやアルファードなどが、リセールバリューが高く人気があります。では、上の図の2つの例の場合、あなたならどちらを購入しますか？

5年間の差額は同じですが、自動車ローンを組む場合、金利の支払いが必要です。100万円は現金で支払い、500万円は5年後完済の金利5％の自動車ローンを利用する場合、5年間で約66万円の利息がかかります。

一括で支払った場合、2つの車の差額500万円を5年間5％の利回りで運用できると、利益は約138万円になります。どの車を買うかで、燃費、税金、保険、メンテナンス費用など、維持費にも違いがでます。

売れる値段だけでなく、支払う利息、手元に残るお金の運用益、維持費も踏まえ、**「買う値段－売れる値段＋金利＋維持費＝使用料」**を考えて決断しましょう。

「コスパ」ではなく、「これがいい」で買う

服Aは定価5000円、服Bは定価1万円がセールで5000円になっています。あなたなら、どちらを購入されますか？　安くなっているBのほうが、お得に思えてしまいますよね。しかし、どちらも5000円です。

芸能人格付けチェックというテレビ番組で、1本100万円のワインと5000円のワインを飲み比べしていて、間違えている人が結構いました。高いモノはこだわって作っている、いい原料を使っているなど、高いものがいいと思い込んでしまっているのではないでしょうか？

「安くなっているから」「安いから」ではなく、値段を無視して**「これがいい」で買うとモノを大切に使い、結果お金がかかりません。**高いモノがいい、安いモノはダメと考えるのではなく、お気に入りを買いましょう。

家計がうまくいく夫婦は、子どもの服や靴を親だけで買いません。子どもと一緒に選ぶと、子どもが服や靴を大切にします。子どもは値段なんか見ず、本当にほしいモノを選びます。

また、30年大切に使っている家具、20年使っているお気に入りの財布や傘、カバンなど、お気に入りのモノを長く使っています。愛着があり、大切に、大切に、ご自身が幸せを感じるモノに囲まれて生活しています。

無駄なものを買わない「環境」を作る

私は、お客様のご自宅にお伺いすることも多く、そこで、**家計と部屋の整頓は比例している**と感じています。部屋がちらかっている人は、お金が貯まっていません。必要なときにモノがどこにあるのかわからないので、家にあるのにモノを買ってしまって、同じモノが複数あります。

家計がうまくいく夫婦は、ミニマリストというわけではなく、どこに何があるかわかるように整理されている印象です。「保険の内容がわかる証券がありますか？」と聞くと、すぐに出てきます。部屋を整えて、無駄なものを買わないための環境を作りましょう。

お金を少しだけかけて、普段の生活を「プチ贅沢」にする

家族旅行などで大きなお金をかけないと贅沢ができないと思っていませんか？　家計がうまくいく夫婦は、お金を少しだけかけて普段の生活を「プチ贅沢」にしています。

子どもにとっての「プチ贅沢」は意外とお金がかかりません。友達とご飯を食べたり、お泊り会をしたり、**子どもにとっては、どこで遊ぶかより、誰と遊ぶかが重要**です。友達家族とご飯＆お泊り会は、１回５０００円もかかりません。

お金をいつもより「少しだけ」かけて、「プチ贅沢」ができないか考えてみましょう。

１日１日を充実させるためには、楽しみをスケジュールするのが重要だと昔テレビで聞いたことがあります。「プチ贅沢」な日まで、あと1か月、１週間、翌日、まちどおしい時間は長く感じるからです。楽しみを先にスケジュールすることで、毎日がより充実した生活になります。

お得がいっぱい「福利厚生制度」をフル活用

会社の福利厚生制度を活用していますか？

私は、旅行会社で働いていたときに、会社独自の「旅行研修プラン」を使い倒していました。１年に10回程度、ホテルに研修価格で泊まったり、観光地で体験をしたりして、そのあとの旅行企画に活かしていました。周りの同僚に聞くと、そんなプランがあることすら知らない人が多かったです。

今、人手不足のなか、優秀な人材を集めるために、福利厚生制度の充実に力を入れている会社が増えています。次のような例があるので、ご自身の勤めている会社の制度を調べてみましょう。

- 老後のお金を有利に貯められる「企業型確定拠出年金制度」
- お得に保険に入れる「団体保険」
- 旅行や資格取得、映画鑑賞などがお得に利用できる

3時間でできる携帯電話の見直し2ステップ

「携帯代金高いな〜、見直ししないと……」と思っていながら行動できていない人はいませんか？　たった3時間で年間数万円の携帯代金が変わる可能性があります。

携帯の見直しは、家計のなかで最も簡単に実践できるので、やっていない人はすぐにやりましょう。「携帯会社のプランがありすぎてよくわからない」という人に向けて、ストレスをかけず実践ができるやり方をお伝えします。

ステップ1　資料を準備する

できるだけ時間をかけずに見直しするために、次の2つの資料を準備しましょう。

- 家族全員の直近3か月分の料金明細書
- 自宅のインターネットの契約書、利用明細通話料、データ使用料、インターネット回線の情報があれば、どの携帯会社のどのプランが良いか、だいたい判断できます。家族割やデータの分け合いを活用し、家族全体で考えるために家族全員分のデータを用意しましょう。

ステップ2 大きな家電量販店に行く

次に、2つの資料をもって大きな家電量販店に行きましょう。

携帯を見直ししていない人は、ネットで調べても、比較や手続きがめんどくさいと思ってしまい、行動できていない場合が多いです。家電量販店であれば、**店頭で相談や手続きができます。1つの店舗で複数の携帯ショップが入っているので、複数の携帯会社を同時に比較でき、何か所も行く必要はありません。**キャンペーンを行っていることもあり、過去、商品券やポイントで冷蔵庫やテレビをもらえた人もいます。

ただし、オンラインのみで申し込み手続きができる「大手の格安プラン」や大手から通信ネットワークを借りて通信サービスを提供している「格安ＳＩＭ」は取り扱っていないことが多いので、最安値を目指す人には向いていないやり方になります。

携帯を比較するときのポイントは次の3点です。

①3社は比較する

気になる会社を3社見ると、相場や携帯会社の違いがわかります。

②使い方を見直せないか考える

通話をたくさんするから通話し放題のプランを検討するのではなく、まず、LINEやFaceTimeを活用して無料通話が利用できないか検討しましょう。データ使用料をたくさん利用している場合も、家や職場でWi-Fiがあるのに設定せず、データ使用料が多くなっているケースをよく見ます。Wi-Fiを活用できないか検討しましょう。

③インターネット回線の検討は最後

自宅にインターネット回線を契約している場合は、利用する携帯会社の割引がある可能性があります。ドコモ系列はドコモ光、ソフトバンク系列はソフトバンク光、au系列はau光などです。割引がある回線がある場合は、携帯と一緒に検討しましょう。

賃貸か持ち家か、損得よりも大切なことは？

賃貸か持ち家かどちらが幸せになれるか？

賃貸派と持ち家派の間でたびたび議論になっていますが、賃貸が得なのか、持ち家が得なのかは、金利や賃料の変化など、前提条件により異なります。私は、損得は正直どっちでもいいと思っています。それよりも大事なことにフォーカスすべきです。

「なぜ家を買いたいのか？」「買ったあとの暮らしは？」「子どもが独立したらどうする？」「高齢になったらどうする？」など、損得よりも、**家族にとって賃貸と持ち家のどちらが幸せになれるか**を考えることが大切です。

ある人から聞いた話が、私の印象に残っているので、ご紹介したいと思います。

ある夫婦が持ち家の購入を検討していました。奥様は、家族のこだわりがつまった空間を実現するため新築注文住宅を、ご主人は家にお金をかける必要がないと中古住宅を希望されていました。お金のことを重視したご主人の意見を渋々受け入れた奥様は、納得しないまま築30年の中古住宅を購入しました。

奥様は自分好みの空間にできなかったことに加え、光熱費も多くかかり、数年経つと家の修繕費もかかることがわかり、ずっと後悔しています。

その経験から、何かにつけてご主人に「あのとき私の言うことを聞いてくれなかった」と、すぐケンカに発展してしまう事態となってしまいました。

家族で幸せな時間を過ごす「目的」よりも、いかに安く不動産を買うかという、「損得」に優先順位が置かれすぎた結果、このようになってしまいました。何のために家を買うのか？　とにかく安く買うことが目的ではないですよね？　家族で幸せな時間を過ごすことが目的なのではないでしょうか？

世帯主が転勤族で、家族で一緒についていくことが幸せなのであれば、賃貸がよいかもしれません。世帯主が転勤しても、実家近くにご両親の援助を受けながら住み続けることが幸せなのであれば、持ち家がよいかもしれません。

大きな借金を背負うことで、日々の生活が不安になるのであれば、賃貸がよいかもしれません。借金を背負っても、持ち家があることに安心感や満足感を持ち、生活できるのであれば、持ち家がよいかもしれません。

賃貸と持ち家の「メリット・デメリット」と「これからの人生設計」の両方を検討して判断しましょう。

賃貸と持ち家のメリット・デメリット

賃貸と持ち家のメリット・デメリットを3つのポイントでお伝えします。

①ライフスタイルの変化への対応

家族構成や働き方が変わりやすい時代です。持ち家の場合、「子ども1人を予定していたが3人になった」「転職し勤務先まで遠くなった」「子どもが巣立ったあとは家が広すぎる」「老後2階に行くのは大変」などの変化があっても、簡単に売却して新しく家を買うことができるとは限りません。

ご自身の問題だけでなく、「隣の家の騒音がうるさい」「家が建たない予定だった隣地に家が建って陽当たりが悪くなった」など、周りの人や環境の変化もあります。病気で働けない、会社が倒産したなどで、収入が減って住宅ローンの返済ができないことも考えられます。**ライフスタイルや環境の変化に対応しづらいことが持ち家の最大のデメリット**です。

一方、賃貸であれば、転勤、収入、家族構成の変化に合わせていつでも引っ越しできます。収入が減ってどうしようもない場合は、家賃が安い家に引っ越すことができます。**ライフスタイルの変化に対応できることが賃貸の最大のメリット**です。

②会社の住宅手当の違い

会社によっては住宅手当制度があります。支給条件は会社により違いますが、一般的に**持ち家よりも賃貸のほうが手当の額が多い**傾向にあります。

③住居費の支払い期間

持ち家の場合、ローンの返済が終われば、大きなお金をかけず住み続けることができます。ただし、税金や保険、メンテナンス費用などが必要なので、０円で住み続けることはできません。

賃貸の場合、老後もずっと家賃を支払う必要があるので、持ち家でローンを完済している人より老後資金を準備しておく必要があります。

なぜｉＤｅＣｏやふるさと納税はお得なの？

節税のカギは「控除」

「ふるさと納税をしているが、ただの寄付になっている……」「税金面のメリットがないのにｉＤｅＣｏをしている……」「申請を上げるだけで税金が返ってくるのにやっていない……」など、まったく意味がないことをしている夫婦、税金を余計に払ってしまっている夫婦をこれまで見てきました。

税金の仕組み

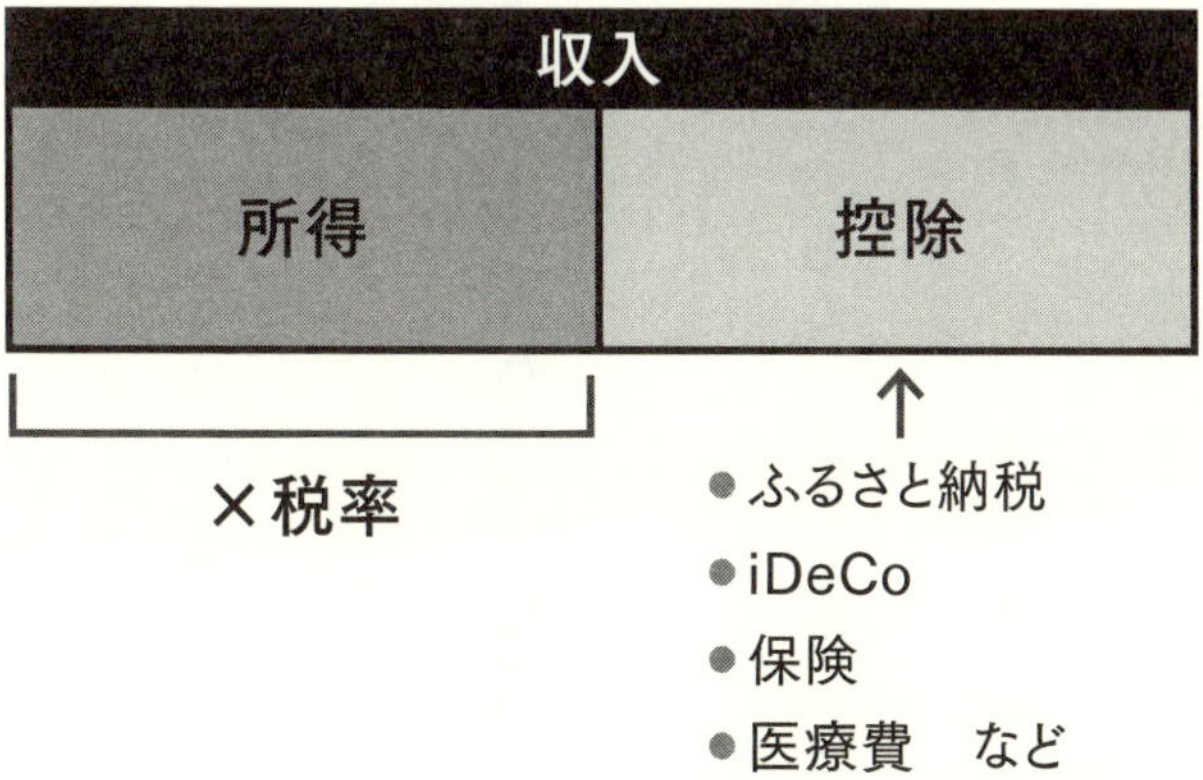

原因は、**税金の仕組みを理解せず、「ふるさと納税はお得」「ｉＤｅＣｏは節税になる」などと、表面的な情報だけで実践しているから**です。税金で失敗しないために、ｉＤｅＣｏやふるさと納税がどうしてお得になるのか、税金の仕組みをざっくり知っておきましょう。

収入から引かれる税金は、所得税と住民税があります。自営業の人は自分で確定申告をして税金を納めており、会社員の人は毎月の給与から天引きされています。

税金を計算するにあたり、所得を計算する必要があります。所得は収入とは違います。「所得＝収入－控除」です。収入から控除を引いた所得に、税率をかけて税金を計算します。つまり、**「控除」を増やすことができれば支払う税金が少なくなります。**

所得税の税率は、5%から45%と所得が多くなるほど段階的に税率が上がっていきます。住民税の税率は、一律10%です。

おさえておくべき「控除」5選

節税にはならないがお得な「ふるさと納税」

ふるさと納税とは、応援したい都道府県や市区町村といった「自治体」に寄付ができる制度で、寄付金控除が使えます。寄付のお礼として、地域の特産品がもらえ、寄付したお金は所得税、翌年の住民税から差し引かれます。

ふるさと納税は、2000円の参加料と税金を前払いするだけで、地域の特産品をいただける制度です。やらないと100％損です。ただし、**あくまで税金の前払いをしているだけなので、節税にはなりません。**

ふるさと納税を利用できる金額には上限があります。上限は、**家族構成や収入やほかの控除などによって決まります。**同じ収入でも、人により異なるので「同じくらいの収入の友人が5万円できているから自分も5万円できる」とは限りません。

ふるさと納税のサイトでシミュレーションができるので、源泉徴収票または確定申告書を準備して上限を確認しましょう。

ただし、今手元にある源泉徴収票や確定申告書は昨年のものですよね？　今年のものは年末か年明けにならないと手元にないので、今年の家族構成や収入やほかの控除の金額が昨年と変わると限度額も変わります。

急な転職や部署異動、ボーナスのカットなどで大きく収入が変わる可能性がある人、売上が安定していない自営業の人は、だいたいの収入が予測できてから、ふるさと納税を活用しましょう。

老後の貯蓄で日本最強の制度「iDeCo」

iDeCoを一言でお伝えすると「老後の貯蓄で日本最強の制度」です。老後のお金を積み立て、60歳～75歳の間に受け取りを開始できます。老後のお金を準備する目的の制度なので、**原則60歳まで引き出せません。**途中で引き出しができる条件は、死亡や一定の障害状態などに限られます。

iDeCoに拠出した金額は、**全額が「控除」**になります。たとえば、所得税率10％の人が年間27・6万円を拠出すると、27・6万円×20％（所得税10％＋住民税10％）＝約5・5万円の節税になります。

節税メリットは人により異なるので、楽天証券などのシミュレーションサイトを活用して、どのくらい節税できるか確認しましょう。掛金の上限は、職業、会社の退職金制度により異なります。節税になるという表面的な情報だけでなく、自身の上限金額や節税額を調べて活用するか判断しましょう。

控除を目的に、買ってはいけない「保険」

「控除」を増やすと節税になります。しかし、「控除」だけを目的に買ってはいけないモノがあります。それは、生命保険と地震保険です。「保険に入ると節税できますよ」というのは、生命保険や地震保険の保険料を支払った場合、控除を活用できるからです。

実際、生命保険料控除はどのくらいお得なのでしょうか？ 税率10％の人が、個人年金保険とiDeCoで、老後のために年間27・6万円を貯蓄した場合を比較してみます。

個人年金保険料控除の限度額は、所得税4万円、住民税2・8万円なので、6・8万円×10％の6800円の節税になります。一方、iDeCoは27・6万円×20％（所得税10％＋住民税10％）の約5・5万円の節税効果です。**同じ金額でも、節税効果が約5万円変わってきます。**

必要性を感じて保険に加入している人は、もちろん「控除」を活用しましょう。しかし、**控除で税金が少なくなる以上に、保険料にお金がかかっています。**節税のために加入するのはやめましょう。

見落としがちな「医療費控除」

税金は自分で申請しないと、メリットを受けることができません。知っているか、知らないかの差です。申請するだけで税金が返ってくるのに、活用できていないよくある控除が医療費控除です。

年間の医療費が10万円（その年の総所得金額等が200万円未満の人は、総所得金額等の5％）を超えると控除として使えます。ただし、生命保険で支給される入院給付金や健康保険などで支給される高額療養費・出産育児一時金などがある場合、それらは差し引いて計算します。たとえば、年間の医療費が20万円、医療保険の給付金が5万円であれば、5万円を所得から控除できます。

この医療費には、同一生計の家族分の医療費も含まれます。大きな病気で治療をすることになったとき、出産のときなどに使える可能性があるので、医療費の領収書は捨てずにとっておきましょう。

「住宅ローン控除」は将来のライフプランで考える

住宅ローン控除とは、一定の条件をみたすと、最長で13年間、年末時点の住宅ローンの残高に対して0・7%の所得税が減税される制度です。所得税から引き切れないときには、住民税から減税されます。所得税、住民税から減税される金額にはそれぞれ上限があります。

年末時点で3000万円の住宅ローンの残高がある場合、住宅ローン控除は3000万円×0・7%＝21万円になります。住宅ローン控除で21万円の還付が受けられます。これまでお話ししてきた控除とは違い、**控除の金額がそのまま返ってきます。**

ただ、将来のライフプランによってはメリットを受けられない場合もあります。住宅ローン控除を考えると、夫婦それぞれが住宅ローンを組むほうが税金面では得になるかもしれません。しかし、出産後に休職する、パート勤務に変更する、転職や独立して収入が下がるなど、住宅ローン控除の恩恵を受けられないことがあります。

私は会社員のときに家を買い、住宅ローンを組みましたが、その後、住宅ローン控除の期間中に独立をしました。独立した当初はすぐに売上がたたず、そもそも税金を支払っていなかったので、住宅ローン控除は受けられませんでした。

税金を払っている以上に戻ってくることはないので、今の状況だけでなく、将来のライフプランも考えて決断しましょう。

やってはいけない借金と、やってもいい借金

借金を利用する＝将来のお金を先に使うこと

「収入はあるのにお金が貯まらない……」というお悩みをもった夫婦のご相談がありました。家計を見ていくと、収入は夫婦で１０００万円ありましたが、お金が貯まらない原因は明確でした。高級住宅、高級車、高級腕時計などの借金５４００万円の返済です。

「どうしてこんなに借金をしているのですか？」と聞くと、「住宅ローン、自動車ローン

の支払いが厳しくなり、どんどん借金が増えていってしまい……」と言われました。その夫婦の子どもが通っている私立学校は、裕福な家庭の子どもが多くいるそうです。家も立派で、高級車に乗り、高級腕時計をつけている親が多く、その夫婦も周りと比べて恥ずかしくないようにするために購入したようです。

「少しだけなら」と軽い気持ちで借金を利用し、借金が増えていく典型例でした。**稼ぐ力に自信がある夫婦ほど、この借金地獄におちいりやすい**傾向があります。足りないんだったら稼げばいいいから、欲しいモノを買っても問題ないと楽観的に捉えている感じがします。

しかし、借金を利用する＝**今欲しいモノを我慢できず、将来のお金を先に使うことです。**

借金は、人が持っているお金を使わせてもらうことです。確実に返してくれる可能性が高いのであれば、金利は低くなります。返してくれない可能性が高いのであれば、金利が高くなります。消費者金融やカードローンは簡単に借りられますが、一定数返済できない人がいると見越して金利が高く設定されています。

使っていい借金は、住宅ローンと奨学金だけ

金利を味方につけると心強いですが、金利を敵にすると破滅します。特に、金利が高いリボ払いを利用する人は、短期的な目線で考えている傾向が強いです。

金利15％のリボ払いを１００万円利用し、毎月2万円ずつ返済していくと、返済に4年2か月かかり、利息が約30万円かかります。長期的な目線で、冷静に考えれば、絶対利用しない方法です。１回のリボ払いが人生を狂わすので、絶対手を出してはいけません。

本当にお金を借りてまで、買う必要があるのか？　**身の丈以上のことをしようとすると、将来へ支払いを先送りしているだけなので、いつかひずみが出ます。**お金を借りずに手元資金で買えるだけのモノにできないのか、購入する前に立ち止まって今一度考えましょう。

借金で破滅する夫婦がいる一方、借金を上手に活用して幸せになる夫婦もいます。年間１５０万円貯めても、４５００万円の家を買うためには30年かかります。住宅ローンを活

用すれば、4500万円の家を30年待つことなく購入でき、家族で楽しく過ごせます。

活用していい借金は、金利が低い住宅ローンと奨学金だけです。自動車ローン、教育ローン、リボ払いなど、金利が高い借金はしてはいけません。もちろん、住宅ローンや奨学金も借りられるだけ借りたらいいというわけではありません。

教育ローンより奨学金

なぜ、教育ローンより奨学金を活用すべきなのか？　それは、**金利の低さ**です。

金利は、奨学金を借り終わった月の市場金利に基づいて決まります。2024年10月に奨学金を借り終えた場合、利率固定方式（固定金利）が1・21％、利率見直し方式（変動金利）が0・6％です。しかも、在学期間中は利息がかからず、卒業後から発生します。

国の教育ローンは、固定金利で2・35％（2024年11月1日時点）、在学中も利息が発生します。

もう一点大きな違いは、誰がお金を返すかという点です。**教育ローンは、親が返済する**のに対して、**奨学金は、子どもが社会人になって返済**します。奨学金を借りる場合は、子どもにしっかり話をしておかないといけませんね。

また、奨学金には、さまざまな種類があり、大学独自や自治体、民間の奨学金もあります。なかには返済不要なものもあります。知らないだけで活用できる奨学金があるかもしれません。

投資が先か、借金の返済が先か

投資か借金の返済かは、家計全体で判断する

2024年から新NISAも始まり、投資がブームになっています。そんななか、「投資の利益よりも、借金の損失が大きいのに投資をしている」ことがあります。借金で金利を15%支払いながら、iDeCoやNISAで投資しているなどです。投資で15%の利益を出すのは、現実的ではありません。

たとえば、100万円を投資していて、5％の利益がでていると、年間5万円の利益です。一方、同時に、100万円の借金をしており、15％の金利を支払っていると、年間15万円の損失になります。両方を考えると10万円のマイナスになります。この場合だと、投資をやめて借金の返済にあてたほうが、5万円の利益はなくなるが、15万円の損失もなくなるので、**家計全体から考えると合理的**です。

先ほどの例で、100万円の金利1％の住宅ローンがあるとすると、年間1万円の損失です。投資で5万円の利益、借金で1万円の損失なので、トータル4万円のプラスになります。これであれば、借金と投資を両方継続したほうが合理的です。

住宅ローンの繰り上げ返済をするな、は本当？

住宅ローンを繰り上げ返済するかどうかは、**合理的、気持ち、税金、お金の流れ、生命保険の5つのポイントを押さえて総合的に考える**ことが大切です。総合的に考えても、私は繰り上げ返済をしないほうがいいと考えていますが、「こんな人はしてもいいのでは」ということについてもお伝えしますので参考にしてみてください。

①合理的に判断

投資を勉強して実践できる人は、低い金利でお金を借りたままにしておき、繰り上げ返済をせず、そのお金を投資したほうが合理的です。お金を投資せず、現金や預金で保管している人は、繰り上げ返済をしてもいいと思います。

②気持ちで判断

第1章で、住宅ローンの返済がないことが、長期で資産を最大化することよりも経済的な自立を感じられたというお話をしました。投資を性格的に受けつけない人、借金が減ることが毎日の安心につながる人は、繰り上げ返済をしてもいいと思います。

③税金面から判断

住宅ローン控除の期間は繰り上げ返済をしないほうがいいでしょう。

④お金の流れから判断

住宅ローンを頑張って繰り上げ返済したあとに、金利3％の自動車ローンを組んでいる、教育資金が足りなくなり金利2％の教育ローンを借りていることがあります。この場合、住宅ローンを繰り上げ返済せず、自動車ローンや教育ローンを組まないようにするほうがよいのは一目瞭然です。

住宅ローンの金利は他のローンの金利より低く設定されているので、他のローンを組む可能性がある人は、繰り上げ返済しないほうがいいでしょう。

⑤生命保険から判断

住宅ローンは団体信用生命保険（以降、団信と表記）がついており、万が一亡くなった場合など、一定の条件になると住宅ローンを支払わなくてもよくなります。繰り上げ返済したあとすぐに、住宅ローンの団信の条件に該当した場合、しなければよかったと後悔する可能性があります。

ただ、民間保険は健康な人は安く加入できるので、繰り上げ返済をして保障が足りなくなるのであれば、民間保険で備えられます。病気などで新たな生命保険に入れない、割高な保険料になる人は、団信のほうが有利になる可能性もあります。

繰り上げ返済するかどうかは、5つのポイントを押さえて、自分で総合的に考えて決断しましょう。

ラクに住宅ローンの金利を下げる驚きの方法

住宅ローンの借り換えは、複雑な手続きに費やす時間とコストがかかるので、金利だけの比較ではなく、時間とコストを総合的に考えて実行しましょう。おすすめは、**今、住宅ローンを借りている銀行へ金利交渉する**ことです。必ず金利が下がるとは限りませんが、面倒な手続きが少なく、金利を下げられる可能性があります。

金利の引き下げ交渉の場合は、費用は数万円ですみます。ただ、何も持って行かず金利を下げてくださいでは難しいので、他の銀行で借り換えした場合の見積もりや条件を持参し、借り換えを本気で考えていることを示しましょう。

出てきた条件と借り換えした場合の条件を検討して、住宅ローンを今の銀行で続けるのか、変更するのか決めるのが楽です。残高4000万円、35年の住宅ローンの場合、金利が0・1％下がるだけで、年間約2・2万円、トータル約78万円の支払いが少なくなります。

少しの時間を作って行動するだけで、年数万円変わる可能性があります。

「ポイ活」をストレスなく、楽しく続ける方法

ポイ活するときに気をつける3つのポイント

ポイントを貯めていて、こんな経験はありませんか？

「パートナーのポイ活についていけず、ストレス……」

「管理が面倒……」

「使いきれず失効してしまって後悔した……」

ポイ活のポイントは、**ポイ活のことを日々考えずに「ストレスなく」、使い道を工夫して「楽しく」、やることを見極めて「手間と時間をかけない」**ことです。そのために、次の3つに気をつけましょう。

①時間・費用対効果を考える

ＳＮＳで見かける「１００万ポイント貯めた」のような人は、クレジットカードやポイントサイトを紹介して貯めている、個人事業主で経費もクレカで支払いができる、富裕層でお金をかなり使っている、隙間時間に広告を見る、セミナーに参加するなどをしています。

このように、自分のお金と時間を使ってポイントを貯めています。

しかし、ポイントを貯めるために、無駄にお金や時間を使ってしまっては本末転倒です。

時間・費用対効果を考えて、ストレスなく実践しましょう。

②ポイントは貯めこまず、「思い出」にどんどん使う

ポイントが貯まるようになると、ついついポイントの残高が増えていくのが嬉しくなりますが、ポイントは貯めこまずに使いましょう。なぜなら、ポイントは、利息がつかないし、期間限定の場合が多いからです。ポイントを発行している会社がつぶれたら、ポイントの価値はゼロになります。

ポイントの使い道は、食費や日用品、家電、商品券、ホテルや飛行機、投資など、さま

ざまな選択肢があります。おすすめは、**思い出に残る使い方をする**ことです。

私は、以前は日常生活の買い物に使っていましたが、今は旅行に使っています。同じポイントを使っているのに、家族の満足度がぜんぜん違います。幸せな時間を過ごせることを実感してくると、ポイントを貯めるのが楽しくなります。

③100点を目指さず80点を目指す

使う場所ごとで最適なポイント獲得手段が変わるので、支払いごとに使い分けるのがベストです。しかし、いろいろなポイントを貯めると管理が大変だし、有効期限内に使えず、失効してしまうことも起きてきます。

そのため、2つから3つに**貯めるポイントを集中して、ざっくり「80点でいいや」くらいの気持ちで**やっていきましょう。

経済圏やポイントサイトの活用など、ポイ活でやれることはたくさんありますが、「ストレスなく、手間と時間をかけず、楽しく」実践するために、**まずやるべきことは、クレカの活用**です。支払い方を変えるだけなので、誰でも簡単にできます。

ポイントで「ザ・リッツ・カールトン」に家族旅行

還元率と使い方の2つの基準で選ぼう

どのクレカを選べばよいか？　クレカにはそれぞれ得意分野があります。お金を使う場所ごとに最適カードは異なりますが、すべてのニーズを1枚で満たすのは難しいので、使い方に合わせて1、2枚を選択しましょう。

では、どういう基準で選ぶのか？

どのクレカを使うかは、**還元率と使い方の2つの基準**で選択できます。

①還元率1％以上のクレカを選択

還元率とは、クレカで支払った金額に対して、何％ポイントがつくかです。年間400

万円をクレカで支払いした場合、還元率1％だと4万ポイント、還元率0・5％だと2万ポイントという計算になります。

年会費が無料で、還元率が1％の楽天カードがあるので、今使っているクレカが還元率1％未満の場合は見直しましょう。楽天ポイントは貯めやすく使いやすいので、楽天カードにすべての支出を固めるのもありです。

②使い方に合わせたクレカを選択

特定の場所をよく利用する場合は、その場所でメリットが大きいカードを検討しましょう。「鉄道系カード」は鉄道利用や沿線の店舗で、「買い物系カード」はコンビニ・スーパー・ドラッグストア・家電量販店など特定のお店で、「通信系カード」は携帯代金がお得になるなど、さまざまな使い方ができるクレカがあります。そのなかで、おすすめのクレカは次の1枚です。

最高の家族旅行を実現できる「マリオットカード」

家計のご相談のなかで、必ず出てくる話題の1つに家族旅行があります。ＪＡＬカードやＡＮＡカードでマイルを貯めて飛行機に使う選択肢もありますが、おすすめは、マリオットトカード（Marriott Bonvoy® アメリカン・エキスプレス®・プレミアム・カード）です。

子どもが小さいときは、飛行機の旅行もしつつ、車で移動してホテルでゆっくりするパターンも多いと思います。地方だと飛行機の便が少ないので私が住む岡山では北海道に行く場合はＡＮＡ、沖縄に行く場合はＪＡＬ、東京はＡＮＡ、ＪＡＬのどちらかを使うことになります。そのほかの場所に旅行するときは、神戸や伊丹、関空を利用したり、ＪＲを利用します。

ＪＡＬでも、ＡＮＡでも、ザ・リッツ・カールトン、シェラトンなど、「マリオットトグループ」のホテルでも利用できるポイントを貯められるのがマリオットカードです。

年会費は４万９５００円かかりますが、それ以上に価値がある３つのメリットがあります。

①年間１５０万円以上のクレカ決済で無料宿泊特典

年間１５０万円以上のクレカ決済で毎年、無料宿泊特典として５万ポイントがもらえます。ホテルのカテゴリーや宿泊時期により異なりますが、1ポイント＝1円以上で交換できる場合もあるので、カード年会費4万9500円のもとは簡単にとれます。

②100円＝3ポイントの高還元率

ポイントは、ホテルやJALやANAなどのマイルに交換できます。

③ホテルの過ごし方が劇的に変わる会員特典

マリオットカードを持つだけで、マリオットグループのホテルで、次のような「ゴールドエリート会員」特典を受けられます。

- レイトチェックアウト（当日の状況により最大14時まで）
- 当日空きがあれば無料で客室アップグレード

さらに年間400万円のクレカ決済をすると「プラチナエリート会員」になれ、次のような特典に変わります。

- 当日空きがあれば、無料でスイートルーム含むアップグレード
- 朝食無料（ホテルによる）

・クラブラウンジの利用（ホテルによる）
・レイトチェックアウト（当日の状況により最大16時まで）

世帯年収750万円の夫婦が、手取りの600万円の支出をすべてクレカ決済にするのは難しいですが、仮に400万円の決済ができると、400万円の3％とカード更新の5万ポイントの計17万ポイントが貯まります。ホテルによっては夫婦の朝食は無料、16時までの部屋の滞在、客室のアップグレードやラウンジを利用でき、家族旅行の質が格段に上がること間違いなしです。

コラム 70代の夫婦が知った「お金」よりも大事なこと

ご相談に来られた70代の夫婦のお話をします。夫婦は、自営業で朝から晩までずっと頑張ってきて、今も現役で働いています。休みが少なく、お金を使う時間がなかったので平均的な収入で、現在約2億円のお金を持っています。

相談の内容は、「子どもたちにできるだけ多くお金を残してあげたいので、相続の対策をしたい」というものでした。私は、そのお子様にもお話を聞くと、兄弟口をそろえて「両親にお金を残してもらうより、お金を使って楽しんでほしい」とおっしゃいました。

苦労して育ててくれた親に求めていることは、お金を残してもらうのではなく、親の楽しんでいる姿を見ることでした。

私は、遺言を書く、生命保険に入るなどの**相続対策よりも、まず、お金をどう使うかを夫婦で考える**ことをおすすめしました。急にお金を使えと言われても、何に使っていいかわからないと困惑していましたが、コンサートに行ったり、孫に会いに行ったり、夫婦の幸せになることにお金を使っているそうです。

また、20〜30年後、亡くなってお金を渡すのではなく、今生きている間に、子どもや孫にお金を使うことに決めたそうです。現在、子どもや孫が楽しんでいる、笑っている姿を見ながら幸せに生活されています。

第4章

「貯める」を極めるための6つの大事なこと

どんどんお金が増えていく夫婦はここが違う

ここまでで、家計を幸適化して、600万円で幸せに日常の生活ができるようにする方法をお伝えしてきました。ここからは、150万円のお金を貯める仕組みの作り方について一緒に考えていきましょう。

この章では、家計がうまくいく夫婦の6つの「貯め方」のポイントをお伝えします。

いくら貯めるかの「上限」を決める

お金の見える化＋上限の決定＝不安減

4歳と1歳の子どもがいる夫婦が、教育費に悩まれてご相談に来ました。夫婦ともに会社員で、世帯年収は750万円、貯蓄合計額は1000万円の状況です。

どうして子どもの教育費が不安なのかお聞きすると、**「お金が原因で子どもの選択肢を狭めたくないからです。そのためには、どのくらいお金を準備しておけばいい**

かわからなくて」とのことでした。

「どの親もお金が原因で選択肢を狭めたくないですよね。では、子どもが私立の医歯系の大学に行きたいと言ってきた場合、6年で2000万円以上かかると言われていますが、全額出してあげられますか？」とお聞きすると、「そのお金はさすがに厳しいです。子どもが2人いますし……」と言われました。

その額を用意するのは、現実的ではないですよね。「どの進路までは出してあげたいですか？」とお聞きすると、「中学校までは公立を考えています。私立高校や文系や理系の私立大学に行きたいと言ってきたら、全額出せるように準備しておきたいです」と言われました。

「あくまで平均ですが、私立高校は3年間で約320万円、理系の私立大学は4年間で約550万円、合計約870万円必要です。あとは仕送りの平均が4年で約380万円なので、全額用意しようと思うと約1250万円必要です」とお伝えしました。すると、「2人ともが、高校と大学の両方を私立に行くかわからないですし、2人とも私立にいって下宿が必要な場合は、奨学金を使ってもらうことにして、1人1000万円準備しておくのはどうですか？」とおっしゃいました。夫婦は子ども1人あたり1000万円貯めて、それ以上かかった場合は奨学金を使ってもらう決断をしました。

暗闇のなかで落とし穴がどこにあるかわからなければ不安です。しかし、明かりがあって、どこに落とし穴があるかわかれば安心しますよね。「子どもの教育費は今のままで足りるのか？」「老後いくらあったら生活に困らないのか？」などの漠然とした不安は、**将来、お金がいつ、いくら必要かを見える化して、いくらまで準備するかの上限を決める**ことで、少なくなります。

いくら貯めるかの上限を決めるための3つのポイント

教育資金や老後資金にいくら貯めるかを考えるときのポイントは次の3つです。

ポイント① 平均データはあくまで参考として活用する

教育資金、老後資金を考えるうえで、平均データは参考になります。しかし、平均はあくまで参考として、ご自身の家庭ではいくら準備するか考えることが大切です。

また、親は公立に進んでもらいたいと思っていても、子どもが受験で公立に落ちてしまい、私立に行くことになった場合などにそのお金を出してあげるかどうかを考えておく必要があります。どこまで準備するかを考え、**一番お金がかかる進路を想定して**目標額を決めましょう。

ポイント② お金を借りるかどうか

奨学金の利用の有無によって、準備しておく金額が変わります。老後にお金を借りる場合、有利な借金はありません。**老後資金が足りなくなるのであれば、奨学金を借りて子どもに返済してもらう**ことも選択肢の1つです。

ポイント③ ざっくり決める

将来、何が起こるかはわかりません。まさか、私が会社員を辞めて独立するなんて20代の頃は考えもしませんでした。子どもの進路もコントロールできません。まさか、私が国立大学を辞めて私立大学に入りなおし、大学に5年行くなんて両親は想像もしていなかったと思います。

詳細に計画を立てている夫婦もいますが、将来はわかりません。細かく考えるのではなく、**いつ、いくら貯めるか、ざっくり方針をたて軌道修正をしていきましょう。**

子どもの「大学の入学」に合わせてはいけない

大学費用だけなら、月1万円でなんとかなる

教育資金の王道の貯め方は、**児童手当と積み立てを活用すること**です。子どもが生まれたときから、高校を卒業するまでにもらえる児童手当の総額は234万円になります。第3子以降の場合はさらに上乗せがあります。

児童手当と0歳〜8歳（小学2年生）まで月1万円を積み立てした96万円を合わせると、330万円になります。国立大学分は準備できる金額です。

児童手当と0歳〜18歳（高校3年生）まで月1万円を積み立てした216万円を合わせると、450万円になります。私立文系の大学分は準備できる金額です。

毎月1万円なら、なんとかいけそうな気がしてきませんか？

小学2年生を目標に貯めるのがベストな3つの理由

おすすめは、必要なときに合わせてコツコツ貯めるのではなく、小学2年生を目標に前倒しで貯めるやり方です。その理由は次の3点です。

①小学3年生からお金がかかるから

一般的には、**小学3年生くらいから塾やスポーツなどの習い事のお金がかさんできます。** 磯山家でも、長男が小学3年生から卓球にはまり、週6の練習や遠征、用具の費用など、小学2年生までとは桁違いにお金がかかるようになりました。

②目標とした期間までに貯められなくても余裕があるから

仮に小学2年生までの目標に間に合わなくても、**まだ時間があるので再度計画を立て直す**ことができます。

③教育費のことを考えなくていいので、落ち着いた気持ちで生活できるから

子どもから「○○できるようになりたい。そのために、○○学校に行きたい。○○を習いたい」と言われたとき、お金がないからダメと言えるでしょうか？　自分のことを我慢してでも、子どものためにお金を出してしまいたくなる親も多いのではないでしょうか。

お金を出すと言ったはいいけれども、日々、「お金が足りない……」という思いが頭の片隅にあると、何をするにもお金のことを考えてしまい、疲れてしまいます。

子どもの教育資金を前倒しで準備できたら、お金の心配をせず、子どもとの時間を楽しめます。

教育と老後のお金は同時並行で貯めない

ソニー生命保険株式会社が実施した「子どもの教育資金に関する調査2024」では、83・5％の親が、教育資金に不安を感じているデータがあります。注目すべきポイントは、子どもが大学生になっても不安を感じている親が多いことです。

子どもの就学段階別にみると、不安を感じると回答した親の割合は、未就学児の親が

86・3%、小学生の親が83・1%、中高生の親が87・3%、大学生等の親が77・4%となっています。つまり、**子育て中ずっと教育費の不安が続いています。**

9割以上の夫婦が、iDeCoや個人年金保険で老後資金を貯めながら、NISAや学資保険で教育資金も同時に貯めています。

私のおすすめは、**老後と教育のお金を同時並行して貯めるのではなく、老後資金は教育資金が貯まったあとから始める**ことです。iDeCoや個人年金保険の節税メリットを活用できないので合理的ではないですが、気持ちの面でのメリットが大きいからです。

予定している教育費を貯めると、心に余裕が生まれます。子どもにやりたいことをさせてあげられる準備ができている状況は、大きな安心感になります。

このような話をすると「教育資金を貯めても、老後資金が貯まっていないと不安は続くのではないですか?」とご質問いただくこともありますが、老後資金は教育資金の後です。なぜなら、**教育資金を貯められた夫婦なら、貯蓄できる習慣が身についているから**です。老後資金も貯めることができます。

老後にお金を生み出す「資産」

1億円貯めてもお金の不安は消えない

私が独立した当初は、すぐには売上があがらず、収支がマイナスだったので、貯蓄を取り崩していく状態でした。ある程度の貯蓄の用意はありましたが、貯蓄が減っていくのは想像以上のストレスでした。

実は、老後にお金があっても、不安を感じている人はいます。それは、**お金が減っていく不安**です。

総務省の「家計調査年報（家計収支編）2023年（令和5年）」によると、65歳以上の夫婦のみの無職世帯の家計をみると、毎月約3・8万円の不足となっています。

収入は年金額や働き方によって、支出も生活スタイルによって変わるので、あくまで参

65歳以上の夫婦のみの無職世帯（夫婦高齢者無職世帯）の家計収支 2023年

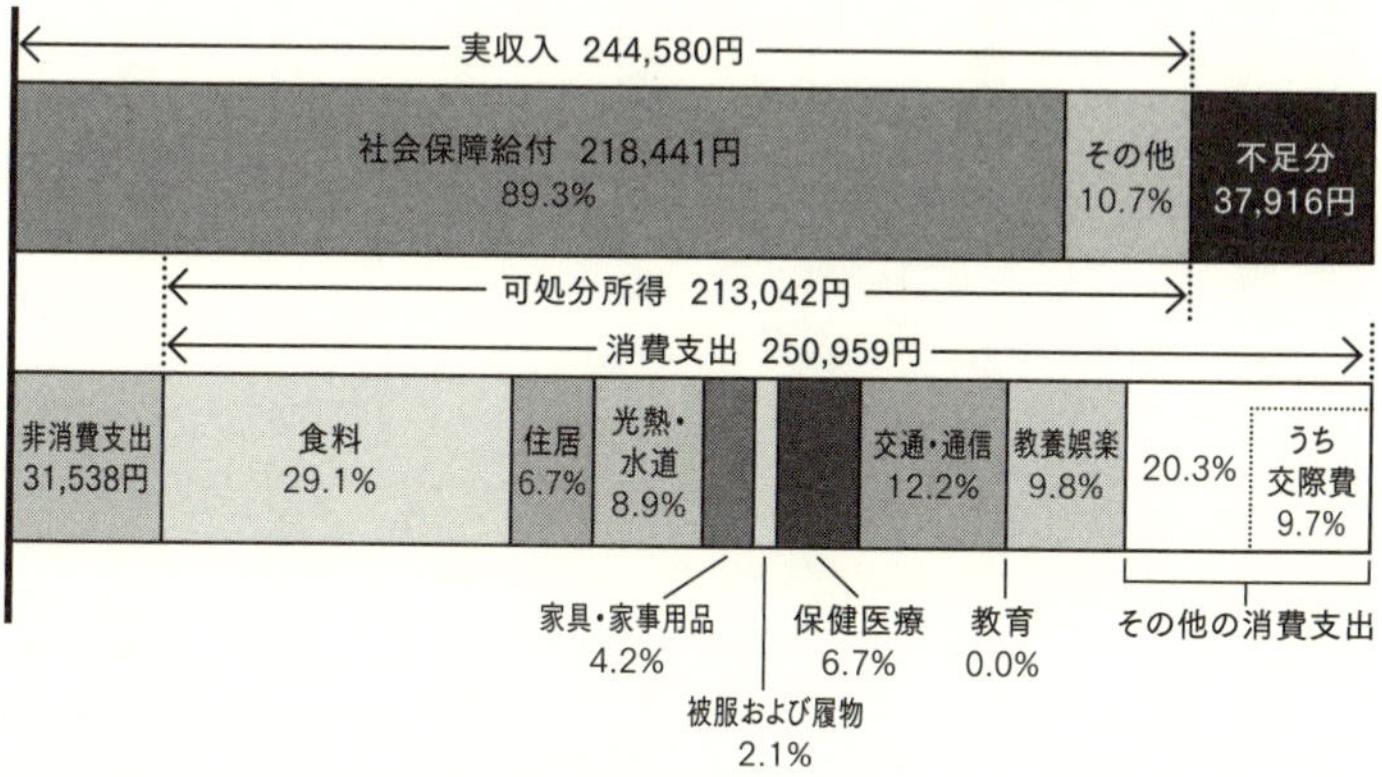

出典：総務省　家計調査年報（家計収支編）2023年（令和5年）

考程度ですが、65歳で貯めていた2000万円を毎月3・8万円取り崩していくと、75歳で1544万円、85歳で1088万円、95歳で632万円と徐々に減っていきます。

お金があっても、お金が足りなくなる不安がつきまといます。ご相談者のなかには、1億円あっても不安を感じている人がいました。

何歳まで生きるかわからないので、想定以上に長く生きたときにお金が必要と考えるとなかなかお金が使えません。

お金が減っていく不安は、老後のお金を貯めるだけではなく、老後にお金を生み出してくれる「資産」を作ることで解決します。

ここでいう「資産」というのは、**それ自**

体がお金を生み出してくれるものと定義します。老後にお金を生み出してくれる資産は、次の3つです。

①老後のお金の土台「公的年金」
②自分で稼ぐ「人的資産」
③自分以外に稼いでもらう「投資資産」

1 老後のお金の土台「公的年金」

亡くなるまで受け取れる公的年金は、老後のお金の土台になります。

誰でもできる土台の強化方法は、**遅らせて受け取ることです**。通常65歳から受け取れる公的年金を、1か月遅らすごとに支給額は0・7％増えます。70歳から受け取ると42％、75歳から受け取ると84％増えます。

たとえば、夫婦の想定される年金額が毎月20万円、支出が毎月30万円とします。65歳から公的年金を受け取ると毎月20万円、70歳から受け取ると毎月28・4万円、75歳から受け取ると毎月36・8万円になります。生活費の30万円を公的年金の額が上回れば、お金が減っていかなくなりますね。

早くに亡くなった場合は損をしてしまいますが、人生で困るのは長生きした場合です。長生きしても亡くなるまでもらえるお金があることは大きな安心感につながります。

❷ 自分で稼ぐ「人的資産」

人的資産とは、働いて得る収入、ブログやYouTubeの広告収入、本の印税など、自分で稼ぐ資産です。

ご相談者のなかに、70代で中小企業の役員として現役で仕事をされている人がいます。体がつらいときもあるそうですが、誰かに頼りにされる、喜んでもらえることが嬉しいようです。

老後に旅行に行きたいと思っていたけれども、実際に退職して旅行に行っても年に数回くらいで飽きてくる人もいます。大学に通う、趣味のサークルを探す、家庭菜園をしてみるなど、何か熱中できることを探している人も多いです。

趣味のように楽しく、没頭できる老後の働き方は、**お金の面でも、やりがいの面でも充実した老後生活につながります。**ブログやYouTubeを始める、本を書くなど、今から準備をして老後に働かなくてもいい状況を作ることもできます。

③自分以外に稼いでもらう「投資資産」

投資資産とは、不動産の収入、株式の配当金、債券の利息など、自分以外の人に稼いでもらう資産です。

ここで、ノーベル財団の資産について見てみたいと思います。ノーベル賞は、ダイナマイトの発明家として知られるアルフレッド・ノーベルさんの遺言により、人類に最大の貢献をもたらした人々に贈られる、1901年から続いている賞です。

ノーベルさんの遺産の管理とノーベル賞の運営を行っているのがノーベル財団です。

ノーベル財団の資産は、株式、債券、不動産などで管理されており、驚くのは、100

年以上続くノーベル賞の賞金や賞の運営費は運用益でまかなわれていることです。ノーベル財団のように**資産を作り、運用益の範囲で取り崩す限り、資産は減りません。**

5000万円の資産があり、年5％で運用できた場合、毎年250万円ずつ取り崩しても、5000万円を保てます。しかも、このノーベルさんのように、**亡くなったあとも遺志を繋いでもらってお金を活かすこともできます。**

しかし、不動産や株式、債券などに投資する場合はリスクもあります。失敗して大切なお金がなくなると大変なので、投資を勉強することは必須です。退職金が入って、いきなり大きな額を投資するのはハードルが高いので、現役時から勉強して投資資産を少しずつ作っていきましょう。

お金をただ貯めるのではなく、3つの資産を貯めましょう。老後のお金を取り崩しながら不安を感じて生活する状況から、不安なく楽しくお金を使える状況に変えることができます。

のであれば、投資でお金を大きく増やすのは難しいです。特に、**教育資金の準備では、投資のリターンを増やすよりも、貯蓄額を増やすことが重要**になります。

家族みんなで決めると効果は絶大

夫婦だけでなく子どもも巻き込んで話し合う

以前のご相談で、正社員からパートに働き方を変えた奥様がいました。「どうしてパートで働くことにしたのですか？」と質問したところ、「子どもが小学校から帰ったときに、家にいられるようにしたかったから」という家族の決断によるものでした。

正社員からパートに変えると年収は300万円から100万円に下がります。家計としては200万円の収入が減るので、夫婦だけでなく子どもも含めて家族で話し合いをされたそうです。

遠くの旅行ではなく近場の旅行になる、お菓子も今までのようになんでも買えなくなるなど、小学校から帰ったあと、お母さんが家にいるためには、今までの生活と少し変わることを子どもたちに伝えたそうです。そのうえでの子どもたちの決断が、「小学生のあいだは、パートとして働いてほしい」でした。

もちろん、旅行も、外食も、お菓子も今まで通り生活したいから、働いてお金を稼いでほしいという考えの子どももいると思います。

子どもとの時間かお金か、そのバランスをとることは非常に難しい問題です。今回のように、時間を優先する夫婦もいると思いますし、共働きを継続してお金を優先する夫婦もいると思います。正解はないですが、家計がうまくいく夫婦は、**子どもも含めて家族全員で話し合いをしている**傾向があります。

収入の壁を超えると働き損になる？

家族全体の手取りを増やすために、「収入の壁」を気にされている人は多いと思います。

税金や社会保険料の負担から、103万円、106万円、130万円、150万円、201万円などの壁があります。ちょうど本書の執筆中（2024年11月）に、103万円の壁が話題になっており、今後変わる可能性があります。

社会保険料や税金を払うと短期的な手取りは減ってしまいます。しかし、**収入の壁を意識しすぎて働くことが、人生において損する結果になる**可能性があります。今の損得だけでなく、長期的な目線で判断することが重要です。

社会保険料を払うことのメリットには次のようなことがあります。

- 老後の年金が増える。
- 遺族年金や障害年金が増えるので、民間保険の削減になる。
- 傷病手当金や出産手当金が活用できる。

収入の壁を意識してパートで働くことを否定しているわけではありません。子どもが巣立つまで、子どもと関わる時間を増やしたいという考えのもと、あえてパートで働くのは悪いことではありません。

世帯主の収入が高く、パートの収入で今の生活に余裕があるならそのままでいいと思います。しかし、収入を増やすことで、子どもの教育、豊かな老後の生活など、人生の選択肢が増えるのも事実です。

年収300万円で働くことができる配偶者が、年収100万円のパートで働いたとします。子どもが大学を卒業して子育てが落ち着いてから働く場合、200万円×22年＝4400万円の違いになります。

世帯主が1時間早く帰ってきて、一緒に家事、子育てをすることで、配偶者が働き続けられるのであれば、1時間の世帯主の残業代よりはるかにメリットがあります。退職金も勤続年数が長い人が多くもらえる制度になっている会社が多いので、共働きを継続することで退職金が大きく変わる可能性もあります。

ご相談者のなかには、結婚や出産で、正社員をやめたことを後悔している人もいます。家族の理想の生活を実現するために、**家族としてどうお金を貯める**かを考えていきましょう。

貯まる夫婦は「環境作り」をしている

共働きを続けられる「環境」を作る

共働きを選択する場合、夫婦2人が働き続けられる環境を夫婦で考えることが大切です。共働きをしていて家計がうまくいっている夫婦は、**どう家事を分担するかよりも、「やらない」家事を増やす環境作り**に力を入れています。

ご自宅にお伺いしたときによく目にするのが、次の5つの家電です。この5つの家電で、1日1時間が生まれているのではないでしょうか？

- ロボット掃除機：掃除機をかける時間が消える。
- 床拭きロボット：拭き掃除する時間が消える。
- 食器洗い機：洗い物をする時間が消える。

・衣類乾燥機：洗濯物を干す時間が消える。
・調理家電：料理する時間が減る。

どれも安くはない買い物にはなりますが、**1日1時間が生まれれば、時給1000円で考えても、年間36・5万円の効果**になります。お金の面でも、気持ちの面でも、効果があると思います。

家電以外にも、さまざまな工夫をされています。

・ノンアイロンのスーツやシャツ：アイロンをかける時間が消える。
・家事代行：家事をする時間が減る。
・保護者の時間が拘束されない習い事を選択：送迎以外の時間を自由に使える。
・習い事のタクシー送迎やオンラインの習い事：習い事の送迎の時間が消える。

夫婦で、家庭での役割分担を話し合うだけではなく、「やらない」家事を増やせないか考えてみましょう。夫婦だけでやらないといけないと思い込んでいることが意外とあるかもしれません。

初回はお試し価格でできるサービスが多いので、試しにやってみましょう。試しにやってみて合わなかったらやめたらいいだけです。

我が家も料理をする時間を減らせないか、さまざまな料理代行や食材宅配を試しにやってみました。その結果、調理家電や調味料にこだわって自分たちで料理を作ることが、我が家にとって一番良いと感じたので今はそうしています。試しにやってみると、思いもよらない発見があるかもしれません。

働く時間と場所を自分で決める「環境」を作る

私は旅行会社で働いていたとき、年間目標を達成しようと必死に工夫し努力しました。その結果、会社全体で年間の営業成績1位の成果を出すことができました。しかし、そのときにいただいた金一封はたった10万円だったのです。

そのときはなんでこんなに頑張って会社に貢献しているのにこんなに少ないんだと思っていました。しかし、今考えると当たり前のことです。**会社の利益は株主のもので、**

社員のものではないからです。

だからこそ、私は自分で自分の事業を作る（起業）することにしました。事業の利益をどう使うかは、自分で決めることができます。利益を今、自分で受け取るのか、未来のビジネスに投資するのか自分で判断ができます。

しかし、会社員とは違って、利益がでなければ収入がなくなります。リスクをとっています。小さい子どもがいる夫婦は、そんなリスクなんてとれないよという人もいるかもしれません。

起業することの大変さを知っているので、必ず起業したほうがいいというつもりはありません。会社員として安定的に収入を得ることを否定するつもりもありません。ただ、覚悟を決めてチャレンジすれば、幸せに働ける良さも知っています。もし、心からやりたい事業があるのであれば、夫婦で相談してチャレンジすることで、幸せに働ける「環境」に近づけるのではないでしょうか？

起業の一番のメリットは、働く時間と場所を自分で決められることです。運動会はもちろん、授業参観や個人面談、子どもの習い事の送迎などを先にスケジュールしておけば、家族との時間を確実にとることができます。自宅を仕事場にできれば、通勤時間がなくなります。

コラム　家計簿は手を抜いたほうがうまくいく

私はこれまで手書き、エクセルシート、アプリなど、さまざまな家計簿を試してきましたが、その多くは長くは続きませんでした。みなさんにも「家計簿をつけてみたけど、長続きしなかった」という経験があるのではないでしょうか？

家計簿をつけるうえで重要なことは、「長く続けること」です。いくら正確につけても、続かないと意味がありません。そのため、できるだけ手間がかからないように、クレカや金融機関と連携すると自動で家計簿を作成してくれる家計簿アプリの活用がベストです。

しかし、手抜きをすることが目的にもかかわらず、わざわざ手間をかけている人をよく見かけます。たとえば、銀行で1万円を出金した場合、銀行から1万円が出金されたことは家計簿アプリで連携されます。しかし、その現金をどこに、いくら使ったかは連携されません。

そこで、意識せず手間をかけてしまう人がしがちな行為として、自動連携されない現金の内訳を手入力やレシートを撮影することでわざわざ連携させようとします。しかし、その少しの手間がストレスになる、お小遣いなど自由に使っていいお金も把握したくなるなど、夫婦関係がギクシャクしてしまうきっかけを生み出してしまうこともあります。

手間をかけて、すべての内容を把握する必要はありません。**何もしない手抜き家計簿だからこそ、ストレスなく継続できるのです。**

第5章

「貯蓄の自動化」の仕組みを作ろう

ラクに、楽しく、確実に貯まります

#「先取り貯蓄だけでお金が貯まる」は間違い

きちんとお金が貯まる「貯蓄の自動化」7つのポイント

「月の手取りが50万円、支出が37・5万円、計算上では年間150万円貯まっているはずなのに貯まっていない……」というお悩みをもった夫婦が相談にきました。よくある話です。貯蓄は計算通りにはいきません。人はなかなか誘惑には勝てず、あったらあった分使ってしまいます。そのため、本やSNSでは、「先取り貯蓄」の仕組みを作るとお金が貯まると書かれています。

先取り貯蓄とは、収入から支出を引いて貯蓄するのではなく、収入から貯蓄を先取りして、残りのお金で生活することです。つまり、「収入－支出＝貯蓄」ではなく、「収入－貯蓄＝支出」の考え方に変えます。収入から先取り貯蓄をして、残りのお金のなかで生活すれば、決めたお金は貯まっていきます。

しかし、これだけではうまくいきません。なぜ、うまくいかないのか？　それは、**きちんとお金が貯まる「貯蓄の自動化」**が作れていないからです。

貯蓄を自動化するうえでのポイントは次の7点です。

①徹底的に、感情を排除する
②口座はより少なく、シンプルにする
③安全な金庫に入れる
④お金の価値をたもつ
⑤無駄なコストをかけない
⑥より良い資産を入れる
⑦必要なときに使える状態にする

この章では、ストレスなく、お金を自動で貯められる仕組み「貯蓄の自動化」の作り方をお伝えします。

コツは徹底的に感情を排除すること

感情で行動して失敗する3つの問題点と解決策

家計がうまくいかない理由の1つに、人は「論理」ではなく、「感情」で動く心理法則があることはお伝えしました。普通に何も考えずにやると、感情で行動してしまい、うまくいきません。**徹底的に、感情を排除することが必要です。**

よくある感情で行動して失敗する3つの問題点とその解決策をお伝えします。

問題点①　自分で口座にお金を移している

毎月12・5万円を先取り貯蓄すると決めていても、「今月は余裕があるから15万円、今月は余裕がないから10万円」というように、気分で移す金額を決めています。**手動ではなく、自動で貯蓄する設定に変えましょう。**

まず、月々で貯めるか、ボーナスで貯めるか、月々とボーナスの両方で貯めるかを決めます。次に、毎月の貯蓄だけの場合は毎月の積み立て設定、ボーナスで貯める場合はボーナス月の積み立て設定をして自動化しましょう。

問題点②先取り貯蓄の口座に銀行の普通預金を使っている

お金を貯める口座を作っても、ちょくちょくお金を引き出してしまった経験はありませんか？　これでは、ただお金を移動させているだけで、まったく意味がありません。

貯める口座は、簡単にお金が引き出しできない「カギのかかった口座」を利用しましょう。会社の財形貯蓄やｉＤｅＣｏなど、ＡＴＭで引き出しができないようにしておくと、ひと手間かかり、使いにくくなります。

問題点③先取り貯蓄の口座からお金を引き出している

気持ちで頑張るには限界があります。「日々の生活が苦しくなって、途中で引き出してしまった」など、お金を使うことが悪いわけではないですが、そもそものお金がなければ続きません。これを解決するためには、第3章で実践した家計の幸適化で**貯蓄できる家計を作る**ことが必要です。

口座はより少なく、シンプルにする

目的別に口座を分けるのが正解？

教育費、老後、旅行、住宅、自動車など、目的別に口座を分けていませんか？以前、30代で3人の子どもがいる夫婦が相談にきました。家計の口座の一覧は、次の通りです。

- 生活資金：A銀行×夫婦2人
- 教育資金：学資保険×3本、変額保険×3本
- 老後資金：個人年金保険×2本、iDeCo×夫婦2人、NISA×夫婦2人
- 葬式資金：終身保険×夫婦2人
- 旅行資金：B銀行

- 自動車資金：C銀行
- 住宅資金：D銀行（住宅ローンの支払い）×夫婦2人

口座が全部で20個あります。毎月の給与がA銀行に入ってきて、各金融機関に自動振替になっていたので手間はかかっていないのですが、目的別に口座を分けており、複雑すぎてわかりづらいです。今、お金がいくらあるのか一目でわかりません。

目的別の口座を、全部整理したら「お金の不安を感じる必要はなかった」なんて話はよくあります。**お金の不安を感じる必要がないのに、全体が見えていないので、意味がない不安を感じていてもったいない**です。

子どもの大学資金を目的とした学資保険を、子どもの中学受験に使うかもしれません。60歳の老後資金を目的とした個人年金保険を、50歳のときに起業資金として使うかもしれません。亡くなったときの葬式資金を目的とした終身保険を、亡くなる前の老人ホームの資金として使うかもしれません。

保険商品の場合、目的の時期より前に解約すると、元本割れする可能性があります。

人生はどうなるかわかりません。目的が変わる、使う時期が変わることはよくあります。目的別に分けることに意味はありません。金融機関から、目的別の商品を買わされているだけです。

それよりも、**今、お金がいくらあるのか、一目でわかるようにしておく**ことが大切です。一か所に貯めて、その中で使い方の内訳を考えましょう。

「使う口座」と「貯める口座」の2つに分ける

お金の本でよく紹介されているのは、「お金を短期・中期・長期の3つの口座に分ける」やり方ですが、私は、「使う口座」と「貯める口座」の2つに分けるだけでいいと考えています。

「使う口座」に置いておくお金は、人によりますが、生活費の6~12か月分が目安です。勤めている会社が破綻して次の仕事を見つける、病気で数か月働けない場合など、**生活を防衛するお金**です。「使う口座」は、日々の生活に使いやすく、ATMの引き出し、振

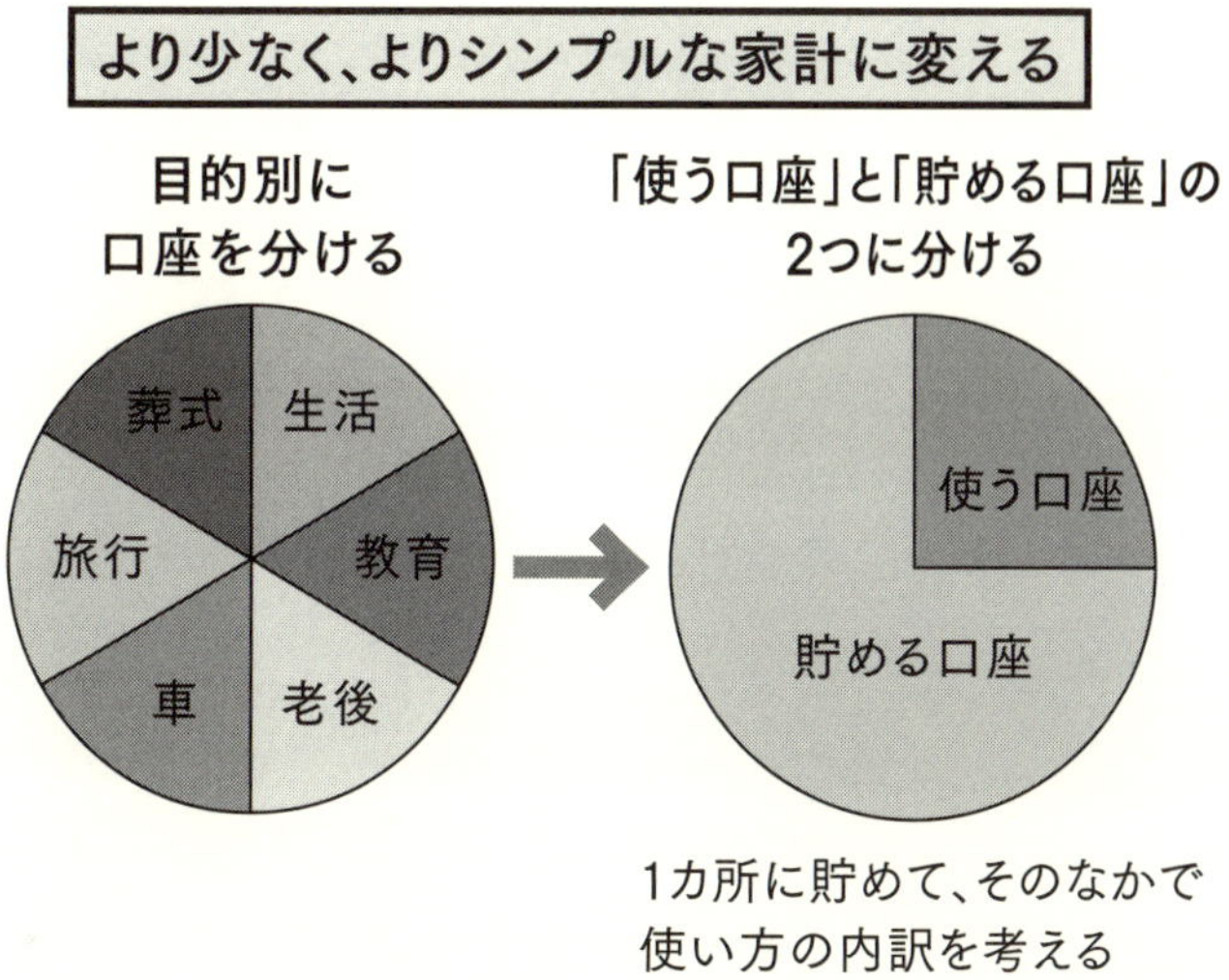

込手数料がかからない銀行を選択しましょう。

「使う口座」以外のお金は「貯める口座」で管理しましょう。「貯める口座」は、ＡＴＭで簡単に引き出しができないように、定期預金、会社の財形貯蓄、証券口座、貯蓄保険など、「カギのかかった口座」が選択肢となります。

理想は、1人につき、「使う口座」1つ、「貯める口座」1つ、これだけでお金の流れを作ることです。住宅ローンの返済や給与振り込みなど、口座の指定がある場合は仕方ないですが、金融機関はできるだけ少なくすると管理がしやすいです。余計なモノをそぎ落とし、家計の流れは、より少なく、よりシンプルに作りましょう。

お金を預ける「安全な金庫」はどこか

一番安全にお金を保管できる場所はどこ？

「貯める口座」は、銀行・証券会社・保険会社の大きく3つの選択肢があります。あなたは、3つの金融機関のどこに大切なお金を保管していますか？　なぜ、そこを利用していますか？

私は、一番安全に保管できる証券会社にお金を預けています。「証券会社が一番危なそう」という声が聞こえてきそうですが……。

お金を貯めるうえで、一番大切なことは、安全性です。金融機関が破綻しても、大切なお金が守られている必要があります。金融機関が破綻するなんて考えられないと思う人もいるかもしれません。たしかに、可能性が高いわけではありません。しかし、**大切なの**

は、金融機関が破綻するか、しないかを予測するのではなく、悪いほうを想定して金融機関が破綻したときを考えて備えておくことです。

銀行・証券会社・保険会社に、2000万円のお金を預けた場合、破綻したときの違いを見ていきましょう。

銀行が破綻したら、あなたのお金はどうなる？

2023年3月に資産規模で全米16位のシリコンバレーバンクが破綻して話題になりました。日本でも、過去、日本振興銀行などの銀行が破綻しているので、将来、銀行の破綻はありえない話ではないです。

では、仮に、2000万円を銀行に預金していて、銀行が破綻してしまったらその2000万円はどうなると思いますか？

正解は、**1000万円とその利息まで**返ってきます。このことを、ペイオフといいます。1000万円は、銀行が補償しているのではなく、銀行が破綻した場合に備えてかけている保険（預金保険機構）から支払われるものです。銀行にお金を預けて、銀行がそのお金を使って事業で失敗しても、元本保証ではないのです。日本では、2010年に日本振興銀行が破綻したときに、ペイオフが発動しました。ただし、**外貨預金は、ペイオフの対象外**になるので、注意しましょう。

保険会社が破綻したら、あなたのお金はどうなる？

生命保険には保障と貯蓄がセットになった貯蓄保険があります。
あなたが、2000万円貯まっている貯蓄保険に加入していて、保険会社が破綻してしまったらその2000万円はどうなると思いますか？

正解は、約1800万円返ってきます。保険会社がもし破綻してしまうと、**責任準備金の9割が補償**されます。責任準備金とは、保険会社が将来の支払いに備え、保険料の一部を積み立てている積立金です。厳密には異なりますが、保険に貯まっているお金をイメージするとわかりやすいと思います。保険会社も銀行と同じで、破綻した場合に備えてかけている保険（生命保険契約者保護機構）から支払われるものです。

保険会社の破綻って聞いたことないと思われる人もいるかもしれませんが、1997年以降に、日産生命、東邦生命、第百生命、大正生命、千代田生命、協栄生命、東京生命、大和生命、これだけの保険会社が破綻しています。

証券会社が破綻したら、あなたのお金はどうなる？

証券会社は、株式や債券を運用する場所と思っている人もいるかもしれませんが、証券会社も銀行と同じようにお金を預けることができます。そのお金を「預かり金」と言います。銀行預金と違うところは、利息がつかない点です。

では、あなたが、2000万円を証券会社に預けていて、証券会社が破綻してしまったらその2000万円はどうなると思いますか？

正解は、全額返ってきます。証券会社は分別管理制度により「あなたのお金」と「証券会社のお金」を別々で保管することが法律で決まっているので、**破綻しても全額返ってくる仕組み**になっています。預かり金だけでなく、株式、債券、投資信託なども対象になります。日本では、1997年に大手証券会社の山一証券が破綻したのは有名な話です。

ただし、倒産した証券会社が法律に違反して分別管理をおこなっていなかった場合は、投資者保護基金から1000万円まで補償されるようになっています。

たまに「証券会社が法律違反をしていたらどうするんですか?」とご質問いただくこともありますが、盗難を防ぐために複数の財布に分けておくことまで考えるか、法律違反までを想定するかどうかです。そこまで想定するのであれば、1000万円ごとに証券会社を分けることが選択肢になります。

銀行・証券会社・保険会社にお金を預けた場合、破綻したときの違いを見てきました。

金融機関の破綻は予測できません。自分でどうにかできることでもありません。

しかし、備えることはできます。準備をしておくことで、将来「○○銀行破綻、○○証券破綻、○○生命破綻」というニュースを聞いても、安心して過ごすことができます。自分のお金を守ることができます。

金融機関が破綻しても、大切なお金が守られる「安全性」が一番あるのは、証券会社です。

絶対に損をするお金の保管方法

投資をしないとインフレに対応できないので100%損する

質問です。絶対損をするお金の保管方法はなんだと思いますか？

私は、「現金」と答えます。**現金で保管する最大のデメリットは、お金の価値をたもてないこと**です。

「お金の価値をたもてない」ってどういう意味でしょうか？

たとえば、国立大学の年間の授業料を見てみると、1984年の25万2000円に対して、2024年現在は53万5800円になっています。40年で約2倍となり、40年間の上昇率は平均年約2%です。1984年では約100万円で大学4年分の授業料になります。1984年から40年間、現金で約100万円を保管していたら、2024年ではその約1

国立大学　授業料推移

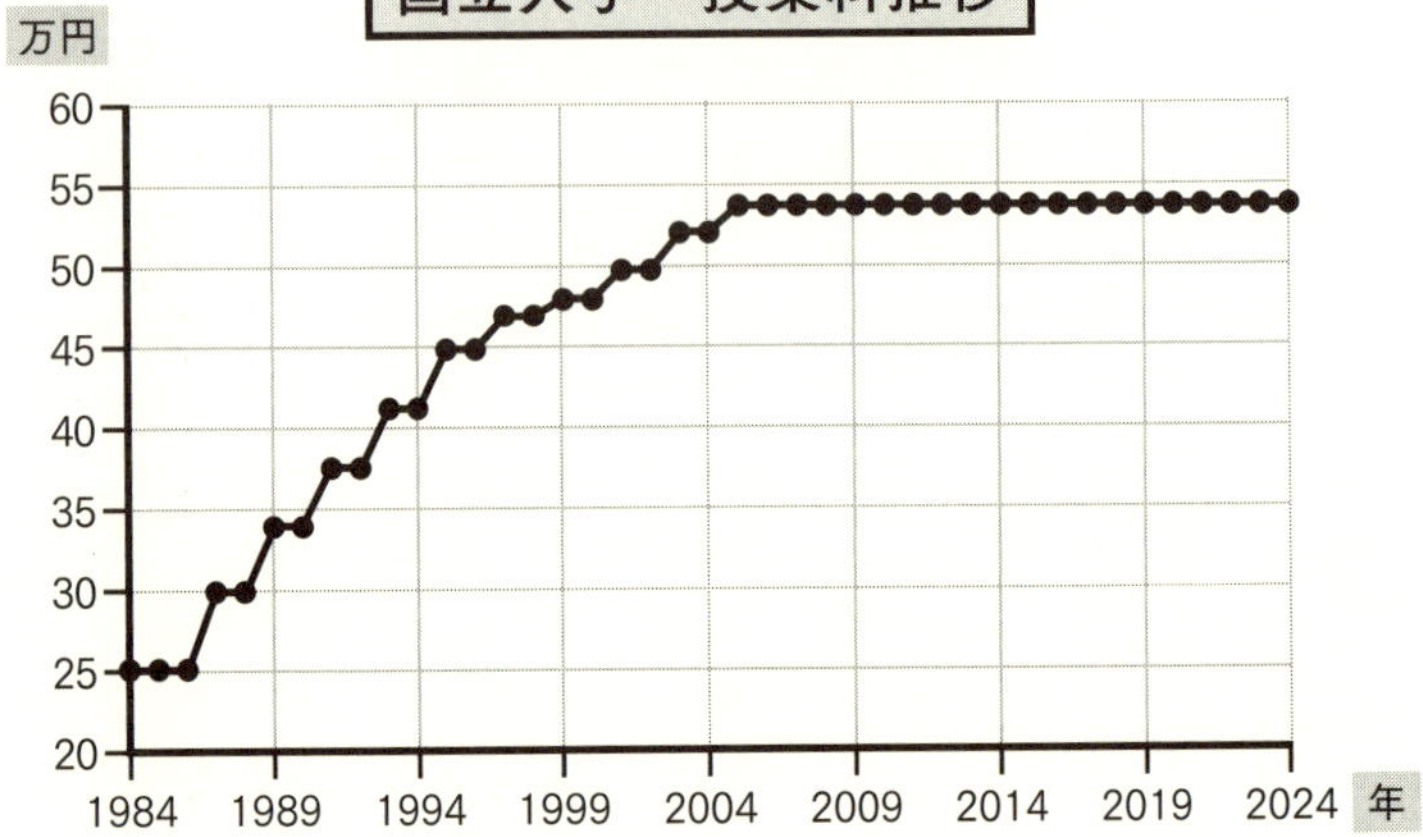

出典：文部科学省「国立大学と私立大学の授業料等の推移」をもとに著者が作成

００万円で大学2年分の授業料しかまかなえません。**大学４年分の授業料と交換できるお金の価値をたもてていません。**

以前はお客様に「インフレからお金の価値を守りましょう」とお伝えしても、ピンと来る人は少なかったです。日本では１９９０年代後半から約30年間、物価が下がるデフレの時代が長く続いていたからです。

しかし、今は違います。食料品やお菓子など、日常での買い物でインフレを日々体感しています。自分事として体感すると、意識が変わっています。

お金を現金で保管しておくと、買えたものが買えなくなり１００％損をします。

インフレからお金の価値を守るためには、現金ではなく、投資が選択肢になります。

学資保険では、本当の意味で必要な教育資金を準備できない

必要な時期が決まっている教育資金は、価格の変動がない学資保険や預金で貯めるのがいいと思っている人もいるかもしれませんが、インフレの対応を見逃しています。

子どもが産まれて大学生になるまで、18年あります。仮に、インフレが平均年2％続いた場合、18年後、大学の学費は今の1・5倍になります。300万円を大学の学費として準備していたとしても、18年後、学費が450万円になっていたら足りません。教育資金の準備も年2％で運用しておくことで、**本当の意味で必要なお金を準備できます。**

絶対に損したくないと思って、現金や預金、学資保険でお金を保管していると、元本がほぼ変わらないことがリスクになります。大切なのは、**リスクを回避するのではなく、自分自身がどこまでリスクを受け入れることができるかを把握し、適切なリスクを選択する**ことでしたね。

投資はお金持ちの人だけがやるものではありません。お金の価値をたもつことは、誰もが必要です。投資を学んで実践せず、元本保証にしがみついていると100％損をします。

無駄なコストをかけない、保険とiDeCoの基礎知識

保険会社はお金をどう保管している？

貯蓄保険は、「掛け捨てではなく、保障も貯蓄もできるので一石二鳥」と思っていませんか？　結論、貯蓄保険は、必要ありません。

保険会社は、預かった保険料をどのように保管しているのでしょうか？

一般社団法人生命保険協会の「2023年度版生命保険の動向」によると、**保険会社は国内外の国債、地方債、社債、株式などに投資をしています。**内訳は日本の国債49・3％、日本の地方債や社債9・6％、日本の株式7・2％、外国の国債や株式など29％などとなっています。現金で保管していると増やして返すことができないので、**保険会社は、預かった保険料を投資しています。**

約半分をしめている日本の国債は、日本にお金を貸して金利を得る仕組みになっています。保険会社が利益を受け取り、保険会社の手数料を差し引いて、保険契約者に利益の一部を渡しています。円建ての貯蓄保険は主に日本の国債に投資されています。ドル建ての保険はアメリカの国債に投資されています。円建ての保険が増えず、ドル建ての保険が増えるのは、アメリカの国債が日本の国債よりも金利が高いからです。最近増えているのが変額保険です。保険会社を通して、株式や債券を選んで投資する仕組みになっています。

貯蓄保険は無駄なコストがかかる投資

では、投資をするのに、保険会社を通すメリットがあるのか？　結論、ありません。**直接、株式や債券に投資すると、保険会社の手数料を引かれずに利益を得ることができます。**

支払う保険料は、保障、投資、保険会社の手数料の3つの部分に充てられます。

保障が必要であれば掛け捨ての保険を買う。投資部分は自分で運用する。保険会社の手数料は可能な限りかからないようにする。このようにすれば、無駄なコストをかけなくてすみます。

ちなみに、学資保険や年金保険は保障がほぼなく、保険会社の手数料が少ない商品です。そのため、保険のなかでは少ないコストで運用してくれる商品になります。しかし、保険会社は学資保険や年金保険を販売しても、ぜんぜん儲かりません。

そのため、これらの商品はドアノック商品と言われていて、お客様との接点を生むツールとして活用されています。これらの保険をフックに、無駄な保険を売られるリスクがあるので気をつけましょう。

iDeCoはどこで口座を作るかで数十万円変わる

iDeCoは、無料では使えません。加入時、加入中、受け取り時にそれぞれ費用がかかります。

加入時に2829円、受け取り時に1回440円必要です。加入時と受け取り時の費用は、どの金融機関で口座を作っても同じです。しかし、**加入中の費用は、171円〜500円前後と幅があり、どこで作るかで費用が変わります。**仮に月300円の違いが38年続くと約14万円の差がでます。

また、どこで作るかで、**選択できる商品の質や数**の違いもあります。

たとえば、A銀行では保有するコストが0・55％かかる日経225A、B証券では保有するコストが0・143％かかる日経225Bという商品があったとします。両方とも日経225という、東京証券取引所プライム市場に上場する銘柄から、日本経済新聞社が選定した225銘柄の株価をもとに算出する指数に連動しています。つまり、ほぼ同じ値動きをします。

500万円を投資した場合、A銀行の商品の年間コストは2万7500円、B証券の商品の年間コストは7150円になります。その差は年間約2万円です。

iDeCoは老後までの長期間のつきあいになるので、毎月かかるコストの違いは、長期的にみると大きな差になります。少ないコストで、商品の質や数が充実している金融機関を選択しましょう。

より良い資産を作るための考え方

貯蓄保険は「期間限定」の資産

資産とは、それ自体が利益を生み出してくれるものでしたね。そう考えると保険も資産なのですが、**より良い資産を作れるのは、保険会社を通して間接的に投資するのではなく、直接自分で投資すること**です。

若いときからコツコツ積み立てして、60歳の時点で2000万円貯まっているとします。貯蓄保険で間接的に投資をした場合と、証券口座で直接投資をした場合の受け取り方の違いをみてみましょう。

次ページの上の図が、保険会社を通して投資をする変額保険での受け取りイメージです。保険商品の場合、**受け取り方は、基本、期間限定**になります。10年、20年、30年、40年など、受け取る期間を選ぶことができます。

「貯蓄保険で間接投資」と「証券口座で直接投資」の受け取り方の違い

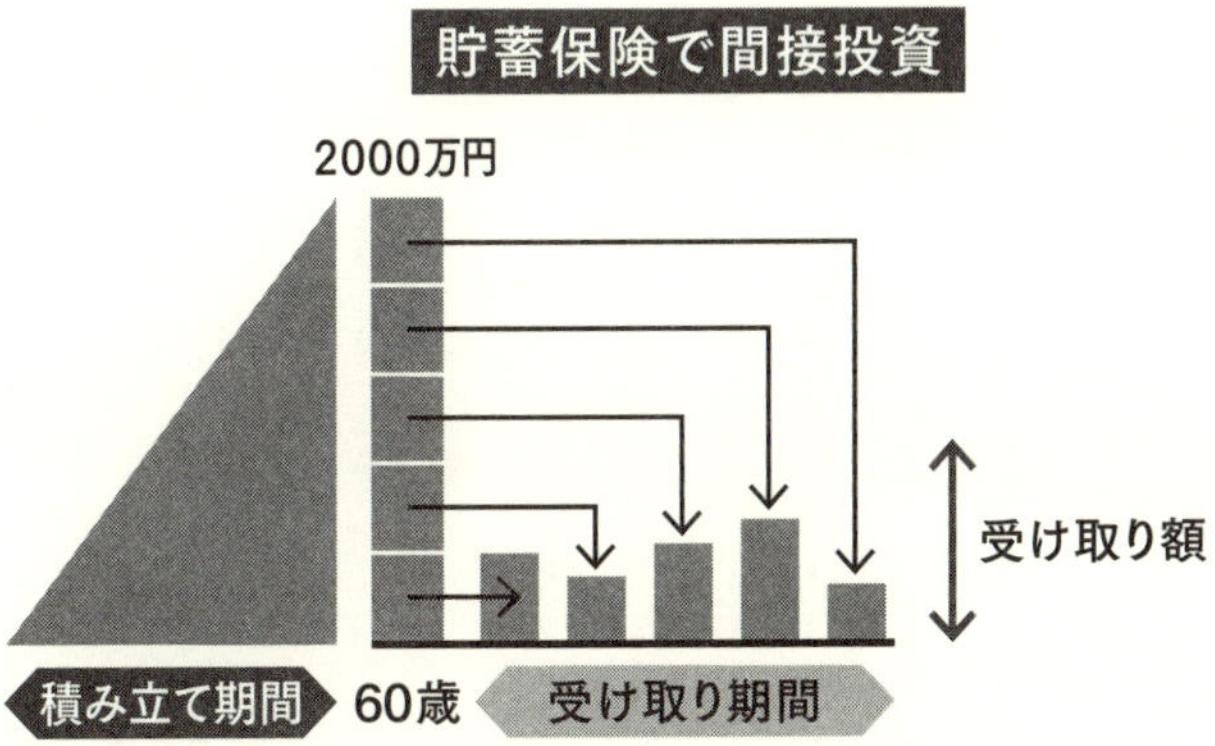

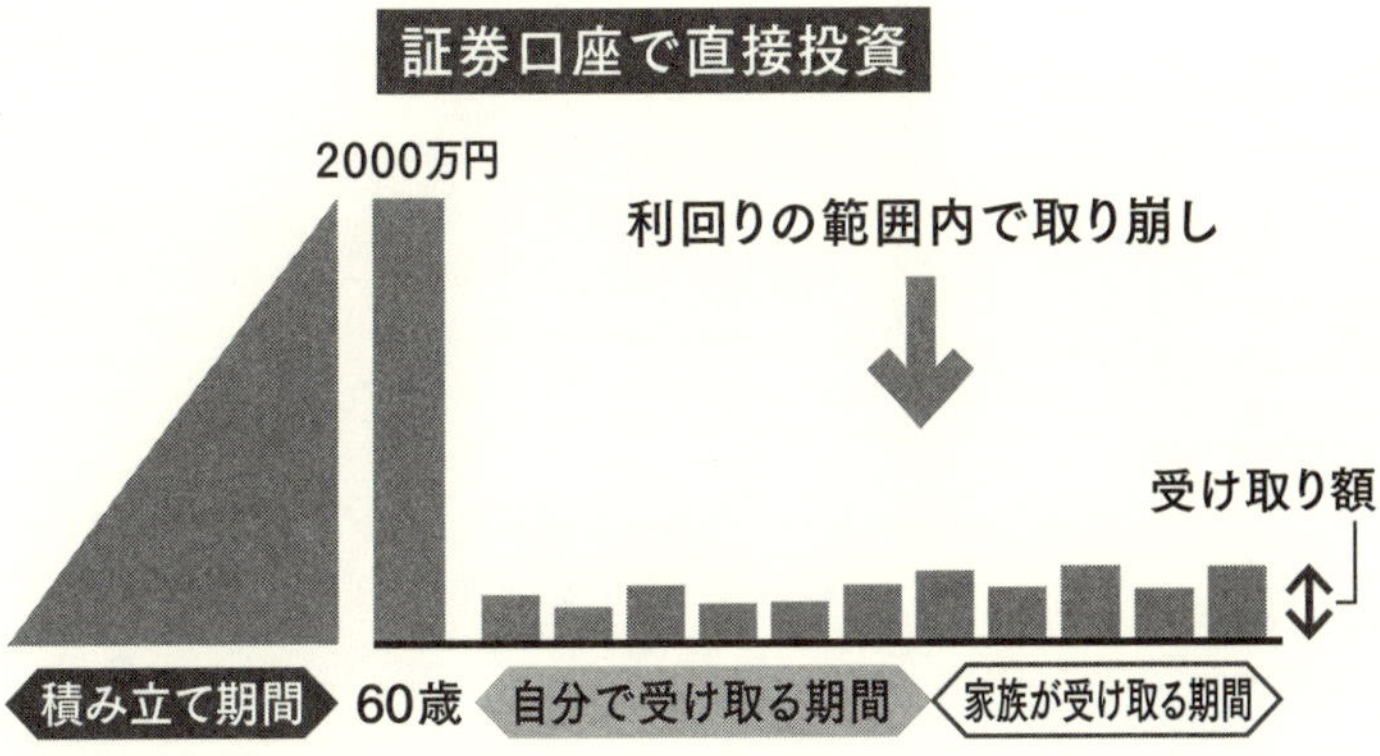

毎年、運用によって受け取り金額は変わりますが、受け取る期間は何歳までと決めたら、その期間までしか受け取ることができません。亡くなるまでの受け取りを選択できる保険商品もありますが、同じく期間限定になります。

直接投資は「永遠」の資産

前ページの下の図は、証券会社を通して、直接、投資をした場合のイメージです。60歳で貯まっている2000万円を仮に年5%で運用できたとします。2000万円の5%は100万円なので、2000万円が1年で2100万円になり、100万円取り崩すと元本は2000万円に戻ります。つまり、1年で100万円ずつ受け取ったとしても、理論上、元本2000万円が減りません。100歳を過ぎたあとも受け取ることができ、亡くなったあとも子どもや配偶者が受け取れます。

家計がうまくいく夫婦は自分で直接投資をすることで、より良い資産を作っています。**利回りの範囲内で取り崩しをしている限り、永遠にお金を生み出せる可能性があり、次の世代に資産をつなぐこともできます。**

必要なときに使える状態にしておく

リーマンショックを想定して投資していますか？

新NISAが始まり、最近は、NISAで投資をする人が増えています。SNSや本でよくおすすめされているのは、全世界株式やS&P500のインデックスファンドです。

ここで大切なのは、**最悪を想定してお金が必要なときに使えるようにしておくこと**です。

たとえば、全世界株式は、2008年のリーマンショックのとき、約半分に暴落し、もとに戻るまで約7年かかっています。1000万円を投資していると、500万円まで下がり、もとの1000万円に戻るまでに約7年かかるということです。

ドル建て保険などのドルの商品を購入している人は、金利が円建ての商品よりあるからという理由だけで購入している人が多い印象です。しかし、為替も、２０２４年10月現在１ドル＝約１５０円ですが、過去２０１１年10月は１ドル＝約75円のときもありました。

今、お金が必要な場合、60歳以降に引き出しができるｉＤｅＣｏにいくらお金があっても、今、お金を準備できないと困ります。必要なときに、株価が大暴落、ドル資産で用意していたお金が円高で目減りするなど、現金化はできるが損して引き出す状況になり、お金が足りなくなる場合も考えられます。

節税できる、投資でお金が増えることよりも、必要なときに必要なお金を使える状態にしておくことが大切です。どうしても自分にとって悪いほうより、良いほうを考えてしまうので、意識して悪いほうにも目を向けることが必要です。

明日、リーマンショックが起きても家計は大丈夫ですか？
明日、円高が急速に進んでも家計は大丈夫ですか？
決められた期間にしか引き出せない口座や価格の変動がある商品でお金を貯める場合は気をつけましょう。

究極の「貯蓄の自動化」とは?

使うのは、ネット銀行と証券口座だけ

貯蓄を自動化する7つのポイントをここまで見てきました。

①徹底的に、感情を排除する
②口座はより少なく、シンプルにする
③安全な金庫に入れる
④お金の価値をたもつ
⑤無駄なコストをかけない
⑥より良い資産を入れる
⑦必要なときに使える状態にする

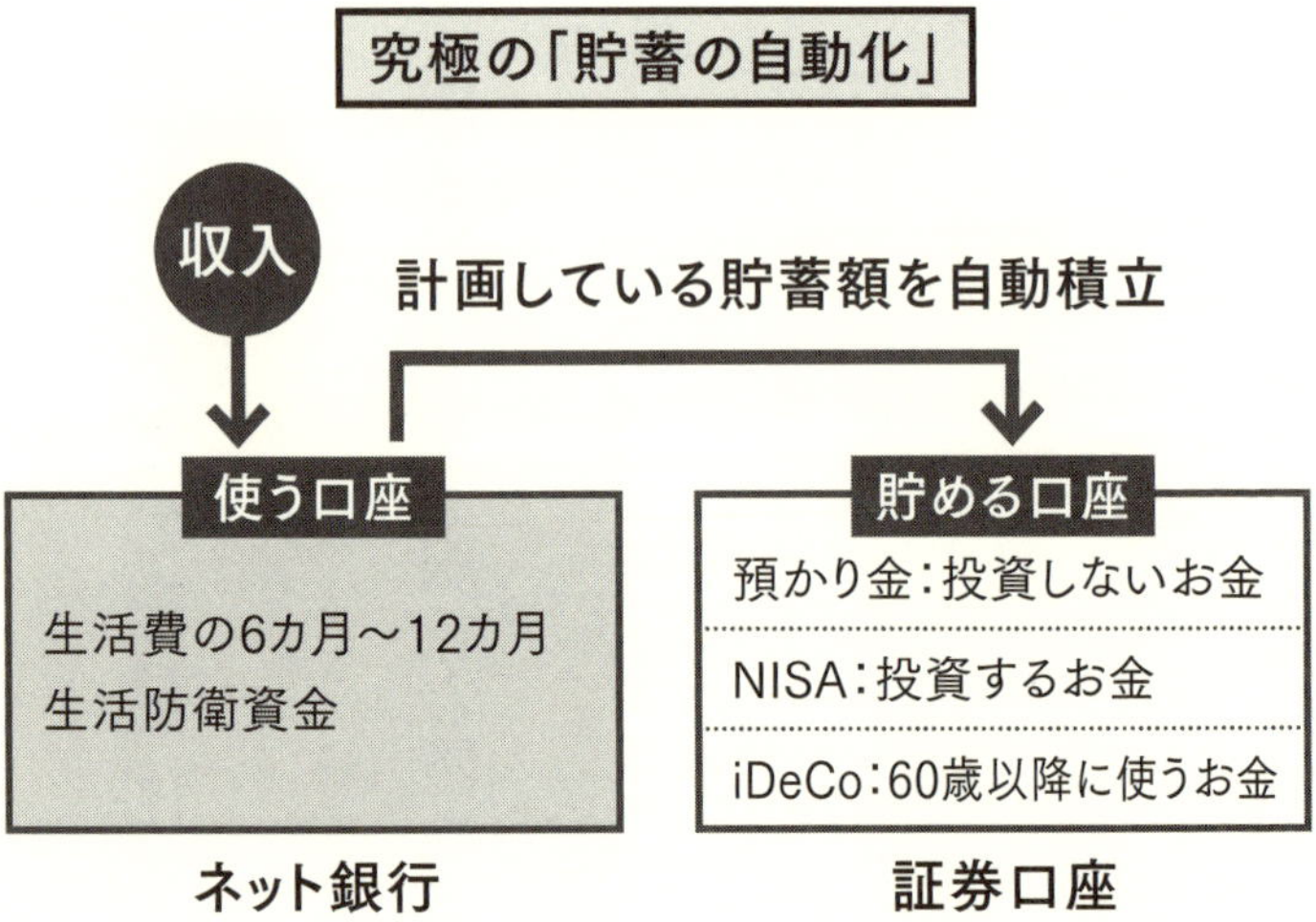

これらのことから、「使う口座」は**振込手数料やATM手数料がかからないネット銀行**を活用します。

「貯める口座」は証券口座を活用します。**ATMで引き出しができず、一番安全で、無駄なコストがかからず、一か所で投資もでき、お金を預けることもできる**からです。

給与振り込みや住宅ローンの支払い口座など、どうしても活用しないといけない口座は仕方ないですが、基本、使うのは、ネット銀行一つと証券口座一つだけです。

たとえば、生活費が35万円で、生活費の6か月分の２１０万円を「使う口座」と決めたとします。「使う口座」を２１０万円に維持しつつ、「貯める口座」に計画している貯蓄額150万円を自動積み立てします。

「使う口座」に210万円より多くお金があれば予定以上にお金が貯まっている、210万円よりお金が少なければ予定よりお金が貯まっていない状況です。予定通り貯蓄ができているか一目でわかります。

証券口座のなかで3つに分ける

次に、証券口座のなかで、預かり金、NISA、iDeCoの3つに分けましょう。

預かり金：投資しないお金

「貯める口座」のなかで投資をしないお金は、預かり金として保管しておきましょう。投資しないお金は、銀行に預けたほうが利息もつくのでいいという考えもあると思いますが、証券口座のほうが引き出しづらいので気持ちを排除できます。

NISA：投資するお金

60歳より前に使うお金を投資するのであれば、運用益が非課税になるNISAをまず活用して、ＮＩＳＡの枠以上のお金を投資する場合は、特定口座（普通の口座）を利用しましょう。

ｉＤｅＣｏ：60歳以降に使うお金

ｉＤｅＣｏは60歳以降にしか引き出せませんが、掛け金を拠出するときなどに優遇税制があります。60歳以降に使うお金は、ｉＤｅＣｏを活用しましょう。ｉＤｅＣｏは投資商品だけでなく、定期預金も選択できます。

たまに、配偶者は投資しているけど、自身は投資のことがよくわからないので証券口座を作っていないという人がいます。投資をしていなくても証券口座は作りましょう。

ｉＤｅＣｏやＮＩＳＡは、一人当たりの枠が決まっているので片方だけで投資をするよりも、夫婦で投資したほうが良い場合もあります。たとえば、片方のＮＩＳＡとｉＤｅＣｏよりも、夫婦それぞれのｉＤｅＣｏを活用するほうが家計全体を考えるとメリットが大きい、などです。

家計全体でどこにお金を保管するのがベストかを考えましょう。

家計のお金の流れを決める3つのポイント

「固定」「ルール」「一緒に」

ここまでで、金融機関の整理ができました。最後に具体的なお金の流れを決めましょう。ポイントは次の3点です。

ポイント①できるだけ固定費にする

家計の支出には、月によって変わらない固定費、変わる変動費があります。家計管理をややこしくするのが変動費です。固定資産税、自動車税、車検、旅行、結婚式のご祝儀などのほかにも、入学費用、学校用品、習い事の用具代や遠征費など、意外と月々でブレが大きくなります。月の収支だけを見ていても、今月は予定通り貯蓄ができているのか、できていないのかがわかりづらくなります。

この解決策は、**できるだけ固定費にする**ことです。固定費が多くなれば、支出がわかりやすくなります。保険の支払いを毎月払いにする、住宅ローンをボーナス払いにしない、などです。ただし、これは自動車ローンなどで借金をして分割払いにすればいいということではありません。

ポイント② 夫婦でルールを作って共有する

お互いに干渉しない別財布で、それぞれがきちんと貯蓄できるのであれば、別々でも問題ありません。しかし、そんな夫婦は、ほとんどいないと思います。相手が貯蓄してくれているとお互い思っていて、必要なときにお金がなかったら悲惨です。夫婦の口座の状況を家計簿アプリなどを活用して、お互いで把握できる状態にしておきましょう。

ただし、すべてを共有する必要はありません。全部見られていると感じるとどうしても窮屈になってしまいます。この解決策は、「お互いの自由なお金の使い道は干渉しない」「1万円以上のものを買うときは相談する」「仕事とプライベートの飲み会をお小遣いと家計のどちらの財布から出すのか」など、**夫婦でルールを作って共有する**ことです。

ポイント③ お小遣い制にするなら夫婦ともに

お小遣いをいくらにするかは根拠がないと納得しにくく、また、夫婦ともにできるだけ自由になるお金を確保しておきたいと思うのは当然のことなので、難しい話し合いになります。

財布をにぎっているほうがお小遣い制ではなく、家計のなかに個人的な支出がまぎれこんでいて自由に使っているように見えると、お小遣い制にしているほうは不満を感じやすいです。お小遣い制にするなら、夫婦ともにしましょう。

ちなみに、**家計の幸適化ができている夫婦は、お小遣い制にしていない**ことが多いです。その都度、夫婦で話をして決めているからです。

夫の趣味や飲み会も、妻のママ友とのランチ会も、家族の幸せにつながるのであれば、お金を使うべきなのです。たとえば、飲み会でチームメンバーにおごる場合、それが見栄ならバツ、チームの頑張りが昇進につながるならオッケーというような感じで決められています。

完璧な家計を目指すより大切なこと

夫婦の納得解を目指して軌道修正

予定通りお金を使って、貯めることは難しいです。そもそも、冠婚葬祭など自分でコントロールできない支出もあります。完璧な家計を目指す必要はありません。それよりも、**夫婦の納得解を目指して、軌道修正していく**ことが大切です。

お金の話を気軽にできるようになっていれば、「今年は、結婚式が多いから、旅行は日帰りにしよう」など、その都度夫婦で話し合いをしましょう。

そうでなければ、毎月初めや末に家計について話し合う時間を決めることで相談しやすくなります。家計簿アプリで自動集計されているデータで前月の収支を確認して、相談事項があれば話し合いましょう。

年に1回の夫婦ミーティング

なんとなく人生を過ごすのではなく、人生を振り返り、今後について考える機会を定期的に持つことは重要です。年1回の夫婦ミーティングで、過去1年の振り返りとこれからの1年の取り組み方を夫婦で話しましょう。やることは次の3つです。

やること①家族の幸せロードマップの変化を確認

人生は変化します。変化があれば、家族の幸せロードマップを見直しましょう。

やること②「使う口座」の金額の確認と改善

「使う口座」の金額が変わっていなければ、予定通り「貯める口座」に貯蓄ができています。増えていれば予定以上に貯蓄ができている、減っていれば予定より貯蓄ができていない状況になります。

予定より減っている場合は、夫婦で話をして改善しましょう。予定より多く貯められている場合は、努力の結晶なので、そのお金は思い切って使ってみるのもありですね！

やること③「貯める口座」の内容の確認と改善

「貯める口座」の内容を確認し、次の1年の貯蓄方針やお金の使い方を夫婦で決めていきましょう。

私の継続フォローサービスを活用しているお客様は、1年に1回、一緒に現状を確認し、今後の方針を考えます。夫婦で今後の人生について、話し合う機会を作ることで、**お互いへの「ありがとう」の気持ちを感じることができ、家族にとってより幸せな人生を考える良い機会になっている**と言われています。ぜひ実践してみてください。

コラム

就職祝いの最高のプレゼント

私のご相談者からよくあるご依頼が、就職祝いのプレゼントとして、これから社会人になるお子様へ金融教育をしてほしいという内容です。「お金のことをもっと早く考えておけばよかったので、子どもにはお金で困ってほしくない」というご両親の強い想いからの要望です。

20代の若いタイミングでお金について真剣に考える機会を持つことは、豊かで幸せな人生に繋がります。

ご相談者の社会人1年目のお子様に最初にお会いしたとき、貯蓄額は50万円でした。金融教育を通じて本人が決めたことは、使う口座を50万円にキープしつつ、NISAを活用して月3万3333円を積立投資することです。現在、社会人4年目で貯める口座には160万円（元本120万円、運用益40万円）の資産があり、使う口座の70万円と合わせて230万円の貯蓄があります。

「社会人になってすぐお金について考える機会をくれた親に感謝しており、今は金銭的に余裕ができて生活が豊かになった！」と言っていました。心の余裕ができ、仕事も人間関係も順調で幸せに生活しているそうです。

時計や名刺入れなどのモノや現金を就職祝いとして渡すのも喜ぶとは思います。しかし、**一生使えるお金の知識をプレゼントするのは、すぐには感謝されないかもしれませんが、時間がたてばたつほど素敵な贈り物になる**と思います。

おわりに　家計を考えることは、人生を考えること

冒頭と同じ質問をもう一度します。

「もし、毎年150万円使えるお金があったら、家族でどんなことに使いたいですか？」

最後まで読んでいただいたあなたは、自分の家族にとっての幸適解が見つかっているはずです。

「何事もできないことはない。できないのは、この2つが欠けているから。

①できるための能力が何かわからない。

②必要な何かを理解しても、それが身につくまでの努力ができない。

要は、できるために必要な能力は何かを理解して、その能力が身につくまで努力を惜しまない、止めないことだ」

旅行会社を退職するときに、尊敬する先輩の田中さんからいただいた、大切にしている言葉です。本書で、①「家計を整えて幸せに生活するために必要な能力」については、私の経験や考え方をあますことなくお伝えしました。あとは、②「家計が整うまで行動す

る」だけです。

私自身、かなり遠回りをしてここまで来ました。そのなかでわかったのは、家計が整えば、幸せな生活を実現できることです。**やることは、「家族の幸せを夫婦で話して、家族の幸せにお金を集中し、貯蓄を自動化する」。これだけ**です。**誰でもできることをやるだけでいい。シンプルに考えればいい**のです。

ここまでたどり着くための経験を、今悩んでいる夫婦に届けたい。そんななか、チャンスをいただきこの本は生まれました。結婚当初に悩んでいたあの頃の私が読みたかった本でもあります。

本を書いているとき、私自身のこれまでの人生を思い返しました。数年前を思い返すと、毎日が仕事と育児で疲れ、イライラしてしまい、妻ともギスギスしていて、正直、家に帰りたくない、そんな気持ちの日もありました。なにも関係がない子どもにあたってしまっていた後悔は今でも心の奥にあります。

今は、朝、子どもたちを見送って、自宅で心からやりたい事業をして、夕方、子どもたちが帰ってきて習い事の送り迎えをする。年に4回は家族旅行にいく。こんな生活をしています。

時間はかかりましたが、このような生活をしたいと強く想像し、そのために必要な能力は何かを理解して、実現できるまで努力をし続けました。今、このような日々を過ごすことができているのは、家族や友人の協力も大きいですが、一番はやはり「家計を整えた」おかげです。これは、私自身も、私のお客様も体感していることです。

「家計が変わると人生が変わる」

お金をどう貯めて、どう使うかで、人生は大きく変わります。夫婦で、本書を一緒に読みながら、家族の幸せを考え、その幸せな生活を実現するために、一歩を踏み出すきっかけになれば嬉しいです。

夫婦で話をして、80点でいいのでどんどん決めて実践していってください。家計を整えて生まれたお金は、貯めるだけではなく、まずは思い切って、家族の幸せに使ってみてください。その積み重ねが、家族の幸適解につながっていきます。

本書を手にして、最後まで読んでいただき、本当にありがとうございました。

最後に、私を支えてくださるすべての「家族（大切な人）」に心から感謝いたします。

いつも家族のことを一番に考えてくれる妻、目標に向かって真っすぐな長男、家族に笑いを届けてくれる次男。みんな、私にとってかけがえのない存在です。宝物です。

どんなときも応援してくれる母、数えきれない経験を与えてくれた父。２人ともが元気で楽しく生活してくれることを心から願っています。

ＦＰブレーンの岩川さん、見川さん、山田さん、森本さん、光明さん、野間川内さん。みなさんとの本音での話し合いが私に大きな気づきと学びを与えてくれました。

私を信じてご相談してくださるすべてのお客様。みなさんとの真剣勝負の相談の実例で、机上の空論ではなく、再現性のある本にすることができました。一人ひとりのパートナーとして、これからも人生に徹底的に寄り添います。

１年かけて読者にわかりやすく、役立つ内容にするために、一緒に考えていただいた青春出版社の樋口さん。徹底的に寄り添っていただく姿勢に、プロの仕事を感じました。

ほかにも、たくさん人との出会いがあり、この本ができあがりました。本当にありがとうございました。

２０２４年12月　磯山裕樹

参考文献

『サイコロジー・オブ・マネー　一生お金に困らない「富」のマインドセット』
(モーガン・ハウセル著、児島修翻訳、ダイヤモンド社、2021年)

『LIFE SHIFT』
(リンダ・グラットン／アンドリュー・スコット著、池村千秋翻訳、東洋経済新報社、2016年)

『DIE WITH ZERO　人生が豊かになりすぎる究極のルール』
(ビル・パーキンス著、児島修翻訳、ダイヤモンド社、2020年)

『シリコンバレー最重要思想家ナヴァル・ラヴィカント』
(エリック・ジョーゲンソン著、櫻井祐子訳、サンマーク出版、2022年)

『グッド・ライフ　幸せになるのに、遅すぎることはない』
(ロバート・ウォールディンガー／マーク・シュルツ著、児島修訳、辰巳出版、2023年)

「WantToKnow.infoのWEBサイト」
https://www.wanttoknow.info/051230whatmattersinlife

「パートナーとのお金事情に関する調査」(ソニー銀行株式会社、2023年)

「2024(令和6)年度 生命保険に関する全国実態調査」(生命保険文化センター)

「家計調査年報(家計収支編)2023年(令和5年)」(総務省)

「2023年度版生命保険の動向」(一般社団法人生命保険協会)

「2023(令和5)年　国民生活基礎調査の概況」(厚生労働省)

「家計の金融行動に関する世論調査[二人以上世帯調査](令和5年)」(金融広報中央委員会)

「子どもの教育資金に関する調査2024」(ソニー生命保険株式会社)

「家族の幸せロードマップ」ひな形

下記よりダウンロードしてご活用ください。

著者紹介

磯山裕樹 1987年、岡山生まれ。磯山FP事務所代表。家計改善成功率100%の1級ファイナンシャル・プランニング技能士。2児を育てる4人家族のパパ。仕事優先だった会社員時代の苦い経験から、本来「家族と幸せに暮らすために仕事をしている」ことに気づき、お金に関する学びを追究。お金のことで悩む夫婦に、豊かに幸せに生活できる家計のアドバイスをしている。本書は、無理せずラクに、年150万円を貯める方法をまとめた一冊である。

一度《いちど》始《はじ》めたらどんどん貯《た》まる
夫婦《ふうふ》貯金《ちょきん》　年《ねん》150万円《まんえん》の法則《ほうそく》

2025年1月15日　第1刷

著　　者　磯《いそ》山《やま》裕《ゆう》樹《き》

発 行 者　小澤源太郎

責任編集　株式会社 プライム涌光
電話　編集部　03(3203)2850

発 行 所　株式会社 青春出版社
東京都新宿区若松町12番1号 〒162-0056
振替番号　00190-7-98602
電話　営業部　03(3207)1916

印刷　三松堂　　製本　ナショナル製本

万一、落丁、乱丁がありました節は、お取りかえします。
ISBN978-4-413-23387-3 C0036